‖ 인문교양총서 11

10개의 키워드로 이해하는 아리스토텔레스 철학

•

전 재 원

저자 **전재원**__ 경북대학교 인문대학 철학과 강의교수

경북 안동 출생으로(1957) 대구에서 산격초등, 경일중, 대건고를 거쳐 경북대학교 철학과를 졸업하고(1981) 경북대학교 대학원 철학과에서 서양철학을 전공하여 문학석사학위와(1983) 철학박사학위를 (1993) 받았다. 철학의 전통적 가치와 의미를 추구해 왔으며 주요 관심분야는 논리학과 아리스토텔레스의 철학이다. 1985년 논리학 입문서인 로버트 바움의 『논리학』을 우리나라에 번역 소개하여 논리학에 대한 관심을 확장하는데 일조하였다. 「아리스토텔레스와 최고선」, 「아리스토텔레스와 쉴로기스모스」, 「행정수도 이전논의에 대한 논리적 분석」 등을 비롯한 20여 편의 논문과 『논리와 비판적 사고』, 『근현대 대구경북지역 서양철학의 수용과 전개』 등의 공저 및 『논리학』, 『기호논리학』, 『사회정치철학』 등의 번역서가 있다.

경북대 인문교양총서 ⑪
10개의 키워드로 이해하는 아리스토텔레스 철학

초판 인쇄 2012년 1월 20일
초판 발행 2012년 1월 31일

지은이 전재원
기 획 경북대학교 인문대학
펴낸이 이대현
편 집 박선주 권분옥 이소희
디자인 이홍주
마케팅 박태훈 안현진

펴낸곳 도서출판 역락
주 소 서울시 서초구 반포4동 577-25 문창빌딩 2층
전 화 02-3409-2060(편집), 2058(마케팅)
팩 스 02-3409-2059
등 록 1999년 4월 19일 제303-2002-000014호
전자우편 youkrack@hanmail.net

값 9,000원
ISBN 978-89-5556-960-5 04100
     978-89-5556-896-7 세트

인문교양총서 011

10개의 키워드로 이해하는

아리스토텔레스 철학

전재원 지음

역락

아리스토텔레스보다 무려 1649년이나 늦게 태어난 이탈리아 출신의 시인 단테는 아리스토텔레스를 '식자(識者) 중의 거장'으로 묘사했다. 이러한 묘사는 아리스토텔레스가 선배들의 지식을 남김없이 섭렵하고 있었다는 것을 뜻하기도 하고 후배들에게 미친 영향력이 엄청나게 컸다는 것을 뜻하기도 한다. 자기 이전의 다른 철학자들이 철학에 기여한 바에 대하여 칭찬을 아끼지 않은 것은 아리스토텔레스의 명성에 어울리는 일이요, 아리스토텔레스 이후의 많은 철학자들이 아리스토텔레스의 철학을 계승하거나 변형 발전시켜 왔다는 사실은 아리스토텔레스의 영광에 어울리는 일이다.

아리스토텔레스의 저작은 매우 방대하며, 이 저작들에는 수많은 철학적 주제들이 불가사의할 정도로 주도면밀하게 논의되어 있다. 그러나 일반적으로 우리에게 알려져 있는 아리스토텔레스 철학의 거의 대부분은 철학의 역사가 2천 년 넘게 진행되는 가운데 철학사가(哲學史家)들이 정리하고 요약한 것이다. 그러다 보니 우리나라에서도 아리스토텔레스 철학의 중요한 개념과 이론은 많이 소개되어 있으나 그 의미를 정확하게 해설하고 있는 책은 그리 많지 않다. 필자는 아리스토텔레스의 저작 중에서도 주요 저작으로 알려져 있는 『자연학』, 『형이상학』, 『영혼론』, 『분석론 전서』, 『분석론 후서』, 『정치학』, 『에우데모스 윤리학』, 『니코마코스 윤리학』 등의 저작에서 10개의 키워드를 선택하여 아리스토텔레스 철학의 개념과 이론을 비교적 이해하기 쉽도록 우리말 어법에 맞게 소개하고자 노력하였다.

철학을 공부한 지 35년의 세월이 흘렀다. 아리스토텔레스의 철학을 연구한 지도 28년의 세월이 흘렀다. 한 순간도 쉬지 않았고 한 번도 다른 분야를 기웃거린 적이 없었다. 그동안 두 가지 원칙을 지키고자 노력하였다. 하나는 겸손한 자세로 학문을 연구하는 것이고, 다른 하나는 철학을 우리말로 정확하게 이해하는 것이다. 우리말로 철학할 수 있을 때에 아리스토텔레스의 철학을 쉽게 해설하는 책을 세상에 내놓기 위하여 기다리고 또 기다렸건만 아직도 미숙하다. 아무쪼록 이 책을 읽는 모든 사람이 아리스토텔레스의 철학을 음미하면서 지적 즐거움을 마음껏 누렸으면 하는 마음 간절하다.

오랜 세월 철학공부를 할 수 있도록 도와준 가족 그리고 훌륭한 인품과 높은 학덕으로 필자를 이끌어주신 고(故) 이문호 교수님, 철학공부의 기초를 다져주신 허재윤 교수님, 해박하고 정확한 지식으로 필자의 부족함을 깨닫게 해주신 정달용 신부님과 안형관 교수님께 영광을 돌린다. 이 책이 나올 수 있도록 격려해준 분들이 있다. 필자의 경북대학교 철학과 후배들이자 경북대학교에서 강의하고 있는 여러 선생님들이다. 이 분들과 이 책의 출판을 지원해 준 경북대학교 인문대학에도 진심으로 감사드린다.

2012년 1월
저자 전 재 원

차례

서문

아리스토텔레스의 생애

　　아리스토텔레스는 고대 그리스의 도시국가체계가 쇠퇴하고 있을 무렵인 B.C. 384년 스타게이로스에서 태어났다. 스타게 이로스는 당시 그리스 북쪽에서 새로이 발흥한 마케도니아 왕국의 작은 도시였다. 아리스토텔레스의 아버지 니코마코스 는 마케도니아의 왕인 아뮌타스 Ⅱ세의 친구이자 시의(侍醫)였 다. 아뮌타스의 아들인 필리포스 Ⅱ세는 왕국의 권력을 한층 더 강화하였고, 그의 아들인 알렉산드로스는 찬란한 정복(그리 스에서부터 인도양에 이르는 대제국의 건설)으로 마케도니아라는 이 름을 역사에 아로새긴 인물이었다. 아리스토텔레스는 마케도 니아의 수도 펠라에서 어린 시절을 보냈다.

가족

자연과학에 대한 어린 소년의 관심은 그의 조상과 가족으로부터 비롯되었다. 스타게이로스는 이오니아의 식민지였고 아리스토텔레스는 이오니아 그리스인이었다. 그가 선조들의 위대한 과학적 전통을 따랐다는 것은 놀랄 일이 아니다. 그의 가족은 의술의 전통을 이어온 귀족 가문의 사람들이었다. 그의 아버지는 아스클레피아드家의 일원이었는데, 아스클레피아드家의 조상은 아폴론 신과 절세미인 코로니스 사이의 아들이자 그리스 의술의 신인 아스클레피오스였다. 아스클레피아드家에서는 대대로 아들들에게 의술을 가르쳤다. 아마도 아리스토텔레스는 약간의 의학교육을 받았을 것이며 아버지의 외과수술을 지켜보며 자랐을 것이다. 그의 어머니는 그리스 중부 에우보에아 섬에 있는 항구 도시 칼키스 출신이었다. 나중에 아리스토텔레스는 말년을 여기서 보내게 된다. 불행하게도 양친은 아리스토텔레스가 비교적 어렸을 때 돌아가셨다. 그래서 그는 마케도니아 왕실 관리인의 보호 하에 있게 되었다. 아리스토텔레스는 전 생애 동안 마케도니아 왕실의 보호를 받았는데, 처음에는 필립포스 Ⅱ세의 보호를 받았고 나중에는 알렉산드로스의 보호를 받았다. 이러한 사실 때문에 아리스토텔레스는 자기 시대의 지성적 세계에 엄청난 영향을 미칠 수 있었다.

플라톤의 아카데메이아

　17세 때 아리스토텔레스는 플라톤이 아테네에 설립한 세계 최초의 대학 아카데메이아에 입학한다. B.C. 347년 플라톤이 죽을 때까지 아리스토텔레스는 아카데메이아에 머물러 있었다. 당시 아카데메이아는 아리스토텔레스가 태어났던 지중해 세계에서 학문의 중심지였으며, 해외로부터 들어오는 학자들의 의견을 많이 반영하는 세계적인 학교였다. 아카데메이아의 명성과 그 설립자의 명성은 전 세계로부터 사람들을 불러들였다. 그래서 많은 유명한 사람들이 아카데메이아를 방문했다. 플라톤은 자기의 대화록에서 이 사람들을 언급하고 있으며, 심지어 대화록 중의 어떤 것들은 방문자의 이름을 따서 명명되고 있다. 그러한 영광을 안았던 사람 중의 한 사람이 테아에테토스였는데, 이 사람은 인체기하학을 발견한 사람으로 알려져 있었던 사람이다. 천문학자인 에우독소스는 B.C. 367년 소아시아 퀴치쿠스에 있는 그의 고향으로부터 먼 길을 떠나 아카데메이아에 와서 플라톤과 천문학에 대하여 논의하였다. 위대한 소피스트였던 프로타고라스의 이름을 따서 명명된 대화록에서 플라톤은 우리들에게 소피스트들의 인생관에 대한 그의 관심을 보여준다. 플라톤은 넓은 지역을 여행했던 사람이었다. 여행하는 중에 시칠리아에 있는 피타고라스학파와 접촉하게 되었고 또 시칠리아의 필리스티온 의학학파와도

접촉하게 되었다. 플라톤이 수(數)에 관심을 가지게 된 것은 피타고라스학파 때문이었다. 피타고라스학파의 영향을 받아 플라톤은 말년에 수가 만물의 기본원리라고 생각했다.

플라톤의 아카데메이아에서 두 번째로 주목해야 할 것은 토론을 통하여 가르치는 그의 방법이었다. 아카데메이아는 소크라테스의 삶의 방식과 진리탐구 방법을 실천에 옮기는 것을 목표로 했다. 아카데메이아에서는 오늘날의 우리를 놀라게 할 만큼 수많은 추상적 문제가 열광적으로 논의되었다. 토론식 수업의 영향을 받아 아리스토텔레스는 토론을 통하여 얻을 수 있는 지식과 관찰과 연역을 통하여 획득할 수 있는 지식을 구별하였다. 아마 그렇게도 많은 토론이 있었기 때문에 아리스토텔레스는 이전 철학자들의 모든 이론들을 철저하게 배우고 검토할 기회를 가질 수 있었을 것이다. 아리스토텔레스는 지혜로운 사람들의 의견을 매우 빈번하게 언급하고 있다. 이것은 아리스토텔레스가 지혜로운 사람들을 한없이 존경하였다는 것을 의미한다. 플라톤의 토론식 수업은 아리스토텔레스와 동료학생들로 하여금 정의(定義)의 가치와 정돈된 사고의 가치를 깨닫게 하였다. 만약 우리가 용어들을 정의하지 못하고 체계적인 방식으로 논증하지 못한다면, 어떤 논증도 아무런 가치가 없다. 아리스토텔레스가 아카데메이아에 입학할 무렵에는 플라톤이 논증의 형식을 연구하고 있었다. 그런 분위기에서 아리스토텔레스가 자기 자신의 논증전개방법인 삼단논법을 개발했다는 사실은 놀라운 것이 아니다.

아카데메이아와 관련해서 기억되어야 할 세 번째 사실은 그곳의 학생들이 모든 유형의 문제를 연구하고 있었다는 것이다. 아카데메이아에서는 흔한 일이었지만 많은 아이디어들이 서로 충돌하는 장면은 아리스토텔레스에게 깊은 인상을 남겼음에 틀림없다. 아리스토텔레스가 아카데메이아에 왔을 무렵 플라톤은 피타고라스학파의 수 이론에 특별한 관심을 가지고 있었다. 이 무렵 플라톤은 자기가 애초에 이데아에 부여했던 개념을 포기한다. 즉 이데아의 의미와 가치가 사물에 있다는 생각을 버린다. 그 대신 보편적 원리가 이데아라는 이론을 내놓는다. 아리스토텔레스가 자기의 저서 『형이상학』의 두 개 권에서 이데아도 수도 실체라고 부를 수 없다고 말하고 있는 이유가 궁금하다면, 우리는 아카데메이아라는 배경을 먼저 떠올려야 한다.

아리스토텔레스는 약 20년 동안 아카데메이아에 머물러 있었다. 아마도 그는 이 기간 동안 내내 학생으로 남아있었던 것이 아니라 강의와 교수를 시작했을 것으로 보인다. 그는 이 기간 동안 약간의 저술활동을 했다. 그러나 불행하게도 초기 저작의 대부분은 세월이 흐르면서 소실되었다. 현존하는 단편들로부터 우리는 아리스토텔레스가 이 초기의 여러 해 동안 스승의 영향을 얼마나 많이 받았는지를 알 수 있다.

아테네를 떠나다

B.C. 347년 플라톤이 죽자 그의 제자이자 생질이었던 스페우십포스가 아카데메이아의 우두머리로 선출되었다. 스페우십포스와 아리스토텔레스 사이에는 엄청난 갈등이 있었다. 왜냐하면 스페우십포스는 플라톤의 '수의 이데아에 관한 이론'에 관심을 가졌지만 아리스토텔레스는 그렇지 않았기 때문이다. 동시에 아테네는 아리스토텔레스의 출현을 반기지 않았다. 그리스 동맹국은 붕괴했다. 마케도니아 왕정과 관계가 있는 것으로 알려져 있던 사람(아리스토텔레스)이 민주정부인 아테네에 있는 것은 시기적으로 맞지 않았다. 그래서 아리스토텔레스는 개인적 이유와 정치적 이유 때문에 동료학생이었던 헤르메이아스의 초청을 수락하여 소아시아 이다 산(山) 기슭의 작은 도시 앗소스에 있는 헤르메이아스의 왕정에서 살기로 결심하였다. 헤르메이아스는 노예로 출발했지만 이다 산의 채광업자로 성공하여 재산이 많았다. 그는 광산에서 벌어들인 돈으로 페르시아로부터 왕자의 칭호를 사들였는데, 아리스토텔레스를 초대할 당시에는 자기의 명의로 통치자가 되어 있었다.

아리스토텔레스는 결코 아카데메이아로 되돌아가지 않았다. 헤르메이아스는 자기가 왕정에 불러들였던 플라톤주의자들의 소집단을 체계적으로 조직할 수 있도록 아리스토텔레스에게 엄청난 자유를 제공했다. 아리스토텔레스는 토론을 지도하고 강의도 하면서 곧바로 그 집단의 지도자가 되었다. 이 소집단이 후일 아리스토텔레스 자신이 아테네에 설립했던 학교의 핵심이었다. 앗소스에 있는 동안 아리스토텔레스는 헤르메이아스의 조카딸 피티아스와 결혼했다. 피티아스는 딸 하나를 낳았는데, 아리스토텔레스는 그 아이의 이름을 그 아이 어머니 이름으로 지어서 불렀다.

헤르메이아스의 왕실에서 3년을 지낸 후 아리스토텔레스는 아카데메이아 시절의 또 다른 동료학생이었던 테오프라스토스의 권유로 에게 해(海)의 레스보스 섬에 있는 도시 뮈틸레네로 이사했다. 테오프라스토스는 후일 17세기의 영국작가들에게 큰 영향을 준 유명한 책 『성격론』의 저자였다. 뮈틸레네에서의 아리스토텔레스의 활동에 대해서는 알려진 바가 거의 없다. 많은 학자들은 이 기간 동안에 아리스토텔레스가 생물학적 탐구에 몰두했다고 생각한다. 친구인 테오프라스토스가 자료 수집을 도왔을 것으로 추정된다.

알렉산드로스의 가정교사가 되다

아리스토텔레스는 B.C. 342년까지 레스보스 섬에 머물러 있었다. 그 후에 그는 마케도니아의 왕 필리포스 II세의 초청을 수락하여 그의 아들인 알렉산드로스의 가정교사가 되었다. 아리스토텔레스는 새로운 지위에 있게 된 지 얼마 되지 않아 친구인 헤르메이아스가 페르시아 인들에게 붙잡혀 사형되었다는 소식을 접하게 되었다. 아리스토텔레스는 친구의 죽음에 매우 동요되었으며 친구에게 경의를 표하는 시를 썼다. 그러나 이러한 행위는 그리스세계에 특별한 감동을 주지 못했다. 왜냐하면 헤르메이아스가 그리스의 마케도니아 지배자인 필리포스 II세와 함께 음모를 꾸몄다는 의심을 받고 있었기 때문이다. 우리는 아리스토텔레스가 다정다감하지 않은 냉담한 지식인이라고 생각하기 쉽다. 그러나 아테네인들의 비난을 감수하면서도 친구인 헤르메이아스를 변호한 것을 보면, 아리스토텔레스가 얼마나 우애를 가치 있게 여겼는지를 짐작할 수 있다. 사실 아리스토텔레스가 알렉산드로스의 가정교사가 된 것은 헤르메이아스와 필리포스 II세의 친분 때문이었다.

오늘날 우리는 알렉산드로스에 대한 아리스토텔레스의 교육에 대하여 아는 것이 거의 없다. 아리스토텔레스의 저서 『정치학』으로부터 판단해 보건데, 아리스토텔레스가 왕들의 교육이 매우 중요하다고 생각했음은 분명하다. 그는 제자를 위하여 군주제라는 주제와 식민지라는 주제에 대하여 각각 짤막한 책을 썼다. 왕의 아들들을 가르치기 위하여 철학자들을 초빙하는 것은 그 당시의 유행이었다. 플라톤은 시칠리아 왕국의 어린 참주를 가르쳤다. 크게 성공하지는 않았지만 아리스토텔레스는 분명히 알렉산드로스를 가르쳤다. 아리스토텔레스는 공부하는 삶보다 행동하는 삶에 더 기울어 있었다. B.C. 336년 필리포스 Ⅱ세가 죽었을 때 스승 아리스토텔레스와 제자 알렉산드로스의 관계는 이미 아주 껄끄러운 상태였다. 알렉산드로스가 세계를 정복하기 위하여 출발했을 때 아리스토텔레스는 고향인 스타게이로스로 되돌아갔다.

뤼케이온

알렉산드로스의 가정교사를 하던 펠라에서의 삶이 아리스토텔레스에게 전적으로 불만족스러웠던 것은 아니었다. 아리스토텔레스가 자기의 생각을 정치학에로 돌려서 그리스 정치체제들에 대한 명문집(名文集)을 만들고자 결심한 곳도 아마 펠라였다. 그는 또 마케도니아 왕실에 영향력을 미쳤던 안티파트로스와 친교를 맺었다. 그 친교는 우애로 발전했다. 동방으로 떠나서 돌아올 때까지 알렉산드로스는 안티파트로스가 그리스를 섭정하도록 지시했다. 안티파트로스는 아리스토텔레스가 아테네로 돌아오도록 독려했고 그에게 지원할 것을 약속했다.

그래서 아리스토텔레스는 B.C. 335년 아테네로 되돌아오게 된다. 아테네 교외에서 북동쪽으로 약간 가면 뤼케이오스(늑대의 신, 아폴론의 별칭)와 무사(mousa, 학예의 여신)를 모시고 있는 작은 숲이 하나 있었다. 소크라테스는 여기에서 조용한 시간을 보내곤 했었다. 아리스토텔레스는 여기에서 뤼케이온이라고 세상에 알려지게 된 자기 자신의 학교를 설립했다.

스페우십포스는 죽고 없었지만 아리스토텔레스가 아카데메이아로 되돌아가지 않은 데는 몇 가지 이유가 있었다. 아카데메이아는 이미 아리스토텔레스의 옛 친구 중의 한 사람인 크세노크라테스를 우두머리로 선출해 놓았다. 세계적으로 유명한 알렉산드로스의 선생이 아카데메이아의 우두머리보다 더 낮은 지위를 수락할 수 없었다는 것은 명백했다. 아리스토텔레스는 이 무렵에 인정받는 주도적 철학자이자 그리스의 선생이었기에 즉각 자기가 플라톤과 아카데메이아의 계승자라고 선포했다. 얼마 안가서 뤼케이온은 아카데메이아의 지위를 차지했고 아카데메이아의 학생들이 뤼케이온에 입학했다.

뤼케이온에서의 아리스토텔레스의 저작은 여러 해 동안 탐구하고 분석한 결실이었다. 아테네에 있는 동안 그는 자기가 주제로 삼았던 것들의 대부분을 저작하고 교정했던 것으로 보인다. 그는 학문의 분류를 완성하고 자기 자신의 논리학체계를 발전시키고 대부분의 학문을 이전에는 결코 도달할 수 없었고 그 이후 오랫동안 다시 도달할 수 없었던 경지에까지 끌어올렸다. 동시에 그의 윤리적 정치적 이론들의 영향이 아테네와 그리스세계 전체를 통하여 느껴지고 있었다.

아리스토텔레스는 토론을 통하여 배우는 플라톤적인 전통을 따랐으므로 우리들에게 전해져오고 있는 대부분의 저작들은 그가 학생들과 토론했던 강의 노트였다. 뤼케이온에서는 공부시간이 자유로운 것이 아니라 계획되었다. 전해오는 바에 의하면 아리스토텔레스는 가장 중요한 강의들을 아침에 했다고 한다. 오후에 그는 강의를 들으려고 시내로부터 온 청중들에게 매력을 끌기 위하여 수사학과 같은 보다 더 대중적인 주제들에 대하여 강의했다. 아카데메이아처럼 뤼케이온은 독자적인 정신을 가지고 있었다. 아리스토텔레스는 학생이나 선생이 다 같이 지키면서 살아야 할 규칙을 정해놓았다. 이 규칙들은 그가 죽고 난 후에도 오랫동안 존속했다. 아리스토텔레스의 감독 하에 지혜를 탐색하는 친구들이 공유했던 하나의 이상 즉 공동 삶에 대한 플라톤적 이상이 후일 유럽 대학들의 설립토대가 되었다.

아리스토텔레스의 영향

플라톤의 경우와 마찬가지로 아리스토텔레스의 가르침과 인품이 그의 학생들에게 끼친 영향을 분명히 파악하기란 불가능하다. 아리스토텔레스는 자기의 가르침을 실천에 옮기는 사람이었다. 페리파토스학파(소요학파)라고 명명된 그의 제자들은 아리스토텔레스의 가르침에 대한 흔적을 역사적으로 남긴 것이 거의 없었다. 이들이 소요학파(逍遙學派)라고 명명된 이유는 토론하면서 뤼케이온 주변의 도로를 이리저리 걸어 다녔기 때문이다. 일단 사람이 죽고 나면 그 사람이 생전에 한 말의 원래 의미를 다시 포착하기란 어려운 일이다. 중세가 되어서야 비로소 아리스토텔레스가 다시 살게 되었고 그가 뤼케이온에서 가르칠 때에 쏟아 넣었던 것과 똑같은 정열로 스콜라 학자들에게 아리스토텔레스의 가르침이 전달되었다.

아리스토텔레스의 말년

B.C. 323년 알렉산드로스가 죽자 그리스 세계는 충격을 받았다. 다시 한 번 아리스토텔레스는 아테네에서 환영받지 못할 인물이 되었다. '불경죄'에 대한 책임이 그에게로 돌아왔다. 아테네 시민이 '철학에 대하여 두 번 죄를 짓게 하는 것' (소크라테스가 이미 똑같은 죄명으로 고소된 적이 있었다)보다는 차라리 그의 학교를 옛 친구인 테오프라스토스에게 넘겨주는 것이 낫다고 생각하여, 학교를 넘겨준 후 아리스토텔레스는 어머니의 고향인 칼키스로 피신했다. 그는 칼키스에서 62세 때인 B.C. 322년 위장병으로 죽었다.

아리스토텔레스는 자기가 유언장에서 요구했던 대로 아내

의 시신 곁에 묻혔다. 그의 딸 피티아스, 양아들 네안도르, 후처의 소생 니코마코스, 후처, 이들 모두는 아리스토텔레스보다 오래 살았다. 그는 이들 각각에 대해서 유언장에서 특별한 준비를 했다. 아리스토텔레스의 유언장이 우리들에게 전해져 왔다는 것은 놀라운 일이다. 왜냐하면 그 유언장은 그가 얼마나 인간적이었는가를 또 한 번 증명해 주기 때문이다. 그는 가족들에게 유산을 남겼을 뿐만 아니라 노예들을 해방시켰다. 아리스토텔레스는 자기가 죽고 난 후에도 자기가 사랑했던 사람들이 잘 살 수 있도록 배려한 인물이었던 것이다. 안티파트로스가 유산에 대한 유언 집행인으로 지명되어 모든 것이 적절하게 수행되었는지를 맡아보았다.

아리스토텔레스의 저작

제1그룹의 저작들

제1그룹의 저작들은 아리스토텔레스가 비교적 젊은 시절에 저술했던 작품들로서 대중적 성격을 띠고 있으며, 아리스토텔레스 자신이 이 저작들을 직접 출판했다. 불행하게도 제1그룹의 저작들 중에서 일부만이 단편의 형태로 오늘날 우리에게 전해져 오고 있다. 우리는 제1그룹의 저작들이 존재한다는 사실을 후기 그리스 시대의 학자들과 로마 시대의 학자들이 언급해 놓은 사료들을 통해서 확인할 수 있다. 로마의 위대한 웅변가이자 사상가였던 키케로(B.C. 106~43)가 아리스토텔레스의 초기 저작들에 관해서 정통한 정보를 제공해 주는 사람들 중의 한 사람이었다. A.D. 3세기에 작성된 아리스토텔레스 저작들의 목록에는 많은 대중적 저작들 중에서 19권이 기록되어 있다. 이 19권은 아리스토텔레스가 스승 플라톤의 영향 하에 있던 초창기 아카데메이아 시절에 저술되었던 것으로 추정된다. 왜냐하면 이 19개의 저작은 모두 대화형식으로 저술되었기 때문이다. 대화록은 선생과 제자 혹은 친구들 간의 담화형식으로 저술된 저작이다. 일부 대화록의 제목을 보면 플라톤이 아리스토텔레스에게 직접적으로 영향을 미쳤다는 것을 알 수 있다. 가령 에로스를 주제로 하고 있는 플라톤의 대화록이 『심포지온』인데, 아리스토텔레스도 자기 대화록 중의 어느 하나에 『심포지온』이라는 제목을 달고 있다.

초기 대화록 중에는 『그릴로스』라는 것이 있는데, 이 대화록에는 수사술(대중연설기법)이 논의되어 있다. 역시 초기 대화록인 『에우데모스』에서 아리스토텔레스는 플라톤의 대화록 『파이돈』에서와 거의 같은 방식으로 우주의 본성을 논의하고 있다. 『에우데모스』에서 아리스토텔레스는 플라톤의 영혼윤회설과 상기설(想起說)을 받아들이고 있다. 역시 초기 대화록인 『프로트렙티코스』에서 아리스토텔레스는 키프로스 섬의 왕자를 초대하여 철학을 연구하도록 권하고 있다. 당시에는 철학이 오늘날의 물리학이나 화학처럼 유용하고도 필수적인 학문으로 여겨졌다. 키케로의 저작 중에는 『프로트렙티코스』를 모델로 하여 저술한 것도 있으며, 『프로트렙티코스』는 고전기와 중세기 내내 유명한 책이었다.

아리스토텔레스의 초기 저작 중에서 가장 중요한 것은 『철학에 관하여』이다. 이 책은 아리스토텔레스가 앗소스에 있는 헤르메이아스의 왕정에서 살고 있을 때에 저술된 것으로 보인다. 이 책이 중요한 데에는 이유가 있다. 아리스토텔레스는 이 책에서 처음으로 플라톤의 이데아론을 공격하고 있는데, 특히 플라톤이 후기에 주장했던 '수의 이데아' 이론을 공격하고 있다. 아리스토텔레스는 펠라의 마케도니아 왕정에서 알렉산드로스의 가정교사를 하는 동안 대화록『군주론』과 『식민지론』을 저술하기도 했다.

지금까지 언급되었던 대화록들에 대해서는 그나마 우리가 약간의 정보를 가지고 있지만, 정보가 거의 없어서 없는 것이나 다름없는 대화록도 많이 있다.『정의(正義)에 관하여』,『시(詩)에 관하여』,『부(富)에 관하여』,『기도(祈禱)에 관하여』,『교육에 관하여』,『쾌락에 관하여』 등의 대화록은 아리스토텔레스의 저작에 관한 초기목록에는 나오지만, 우리는 그 내용을 전혀 알 수 없다. 아마 이 모든 저작은 나중에 아리스토텔레스가 같은 주제를 완성된 형태로 다루고 있는 저작들의 토대가 되었을 것이다. 아리스토텔레스는 친구인 헤르메이아스가 죽었을 때 그에게 경의를 표하는 시를 썼듯이, 제1그룹 저작 시기에 시를 쓰기도 하였다.

제2그룹의 저작들

강의노트와 자료조사 모음집이 제2그룹의 저작들에 해당한
다. 이것들은 나중에 제3그룹의 저작들 즉 학문적 저작들에
흡수된다. 제1그룹의 저작들과 마찬가지로 제2그룹의 저작들
도 역사가 흐르면서 대부분 소실되었다. 자료를 조사하던 이
시기에 아리스토텔레스가 저술한 책 중에 유일하게 한 권이
우리에게 전해져오고 있는데, 그 책이 바로 저 유명한 『아테
네 정치체제』이다. 우리는 아리스토텔레스가 당시 그리스 도
시국가들의 정치체제에 관한 자료들을 수집하고 정리했다는
사실을 알고 있다. 그리고 우리는 아리스토텔레스가 풍부한
자료로부터 모종의 아이디어를 얻었을 것이라고 생각해 볼
수 있다. 아리스토텔레스는 틀림없이 모든 종류의 주제에 관
한 자료를 수집했을 것이다. 왜냐하면 그리스 로마시대에 작
성된 아리스토텔레스 저작의 목록(아리스토텔레스가 저술한
것이라고 알려져 있던 저작들의 목록)을 보면, 약 200개의 제
목이 나오기 때문이다.

제3그룹의 저작들

오늘날 우리가 잘 알고 있는 아리스토텔레스 저작들의 거

의 대부분은 제3그룹에 속한다. 제3그룹의 저작들은 학문적 저작들이다. 이 저작들의 대부분이 뤼케이온에서 학생들을 가르치는 동안 강의를 위한 자료 및 강의를 위한 노트로서 집필되었다는 점에 대해서는 대체로 이견이 없다. 앞에서도 살펴본 적이 있었지만, 아리스토텔레스가 오늘날 우리에게 익숙한 학문분류를 완성한 것도 뤼케이온에 머물러 있을 동안이었다. 아리스토텔레스는 학문의 전 영역을 세 부분으로 나눈다. 관조적 학문, 실천적 학문, 제작적(생산적) 학문이 그것들이다. 오늘날 우리는 아리스토텔레스의 학문적 저작들을 여덟 부분으로 나누는데, 각 부분에는 고유한 주제와 탐구방법이 있다. 학문적 저작들을 여덟 부분으로 나누는 것은, 연구대상이 무엇인지와 대상을 연구하는 방법에 따라서 학문을 세분하는 아리스토텔레스 자신의 체계를 따른 것이다. 여덟 개의 학문은 논리학, 자연학, 형이상학(자연학 다음의 학), 생물학, 심리학, 윤리학, 정치학, 미학(예술학) 등이다. 오늘날 우리는 이 학문들을 모두 '과학'이라고 부르지는 않는다. 그렇지만 우리에게 철학과 과학을 분류하는 새로운 방법이 있는 것은 아니다. 우리는 아리스토텔레스가 수립해 놓은 학문들에 새로운 학문들을 추가시킬 뿐이다. 우리는 인간과 관련되는 다양한 지식을 체계적으로 분류한 최초의 사람이 바로 아리스토텔레스였다는 사실을 명심해야 한다. 우리가 연구하고자 하는 것이 무엇인지를 처음부터 모르고서는 그리고 특정주제를 연구하는 최선의 방법을 발견하지 않고서는 그 어떤 것을 연구하는 것이 불가능하다는 것을 최초로 깨달았던 사람도 바로 아리스토텔레스였다.

논리학에 관한 저작들 : 논리학을 영어로는 'logic'이라고 하는데, 이 말은 그리스어 로고스(logos)에서 유래한다. 로고스는 언어, 즉 말과 글을 의미한다. 따라서 논리학은 말과 글을 올바르게 사용하기 위한 사고의 법칙을 연구하는 학문이다. 아리스토텔레스가 체계화한 학문 중에서 오늘날의 과학과 철학에 가장 많이 영향을 미친 학문은 아마도 그의 논리학일 것이다. 아리스토텔레스 자신은 논리학이 독립적인 하나의 학문이 아니라 올바르게 사고하기 위한 도구(organon)라고 생각했다. 만약 우리가 확실한 원리로부터 체계적으로 추리할 수 없다면, 우리는 진리를 발견할 수 없다. 언어(말과 글)의 구조가 사고과정 및 실재의 본성과 어떤 관계를 맺고 있는가라는 물음에 대한 아리스토텔레스의 답변이 바로 그의 논리적 체계이다. 논리학에 관한 아리스토텔레스의 저작에는 모두 6개가 있는데 『범주론』, 『명제론』, 『분석론 전서』, 『분석론 후서』, 『변증추리론』, 『소피스트들에 대한 반박』 등이 그것들이다. 이 6개의 저작을 통칭해서 『오르가논』이라고 부르기도 한다. 그리스어 오르가논(organon)은 학문을 연구하기 위한 도구를 의미하는데, 이 도구가 마치 신체의 기관(器官)처럼 학문과 유기적으로 결합해 있다는 의미에서 『오르가논』을 동양권에서는 『기관』으로 번역하기도 한다. 『범주론』에서는 개념의 본성이, 『명제론』에서는 명제의 본성이 논의되고 있다. 개념과 명제는 언어의 원료라고 할 수 있다. 『분석론 전서』에서 아리스토텔레스는 자신이 논증의 본질이라고 생각했던 것 즉 개별적 사실이 왜 참인지를 원리와 관련시켜 증명하는 방법을 소개하고 있다. 이 방법이 바로 저 유명한 삼단논법(syllogismos)이다. 모든 논증이 동일한 논증이 아니듯이, 모든 삼단논법도 동일한 삼단논법이 아니다. 논증이 기초하고 있는 원리의 본성에 따라 삼단논법이 달라진다. 『분석론 후서』에서 아리스토텔레스는 학문적으로 논증하는 방법을 우리에게 말해 준다. 즉 아리스토텔레스는 『분석론 후서』에서 논증의 결과가 진리가 될 것임을 확신하기 위해서 삼단논법을 어떻게 사용해야 하는지에 대해서 논의하고 있다. 만약 우리가 논증의 결과가 참이 될 것을 원한다면, 우리 논증의 근거 혹은 원리가 보편적으로 참이어야 한다. 원리가 보편적으로 참이어야 한다는 말은, 원리가 객관적 경험을 통하여 사물의 본성으로부터 확실하게 도출된 원리여야 한다는 것을 의미한다. 『변증추리론』과 『소피스트들에 대한 반박』에서 아리스토텔레스는 학문적으로 가치 있는 추론의 요구사항을 만족시키지 못하는 논증들을 다루고 있다. 『변증추리론』에서 아리스토텔레스는 대화에 기초하고 있는 논증형식에 대해서 논의한다. 그런 논증의 근거는 사고

과정의 본성으로부터 도출된 원리들인데, 이 원리들은 객관적 경험에 뿌리를 두고 있지 않은 원리들이다. 따라서 이 원리들은 대중의 의견(견해)들이거나 지혜로운 사람들의 의견(견해)들이다. 『소피스트들에 대한 반박』에서 아리스토텔레스는 실제로는 전혀 논증이 아닌 논증들에 대해서 논의한다. 소피스트들은 두 종류의 오류를 범했다고 아리스토텔레스는 말하고 있다. 첫 번째 오류는 언어상의 오류이다. 소피스트들은 논증을 위한 근거가 전혀 없는 경우에도 논증을 위한 전제가 있다고 생각한다. 두 번째로 소피스트들은 사고에 있어서 오류를 범하고 있다. 그들은 참인 전제로부터 학문적으로 가치 있는 방식으로 논증하고 있다고 생각하지만, 사실은 그렇지 않다. 궤변을 의미하는 그리스어 소피스티코스(sophistikos)에 오류논증이라는 의미를 부여했던 사람도 아리스토텔레스였다. 궤변은 무엇인가를 증명하고자 할 적에 올바른 논증 대신에 사용하는 속임수이다.

자연학에 관한 저작들 : 아리스토텔레스는 자연학에 관한 글을 많이 썼다. 물리학을 영어로는 'physics'라고 하는데, 이 말은 그리스어 퓌시스(physis)에서 유래한다. 그런데 그리스어 퓌시스는 '자연'을 의미하기 때문에 아리스토텔레스의 유명한 저작 이름인 『자연학』은 오늘날 우리가 사용하는 '물리학'이라는 말과 똑같은 것을 의미하지 않는다. 『자연학』에는 아리스토텔레스의 자연철학과 아리스토텔레스가 자연계에서 관찰한 것들이 담겨 있다. 자연에 관한 아리스토텔레스의 저작들 중에서 우리에게 가장 잘 알려져 있는 저작들에는 『자연학』, 『천체론』, 『발생소멸론』, 『기상학』 등이 있다. 이 중에서 『기상학』은 4개의 근본물질(흙, 공기, 불, 물)이 천체에 미치는 영향을 다룬 책이다. 아리스토텔레스는 기상에 관한 연구를 천문학으로부터 분리시킨 최초의 사람이었다. 아리스토텔레스가 『기상학』에서 다루고 있는 주제의 대부분은 오늘날의 기상학에서도 여전히 연구되고 있다.

형이상학에 관한 저작 : 아리스토텔레스 자신이 '제1철학' 혹은 '존재에 관한 학문'이라고 불렀던 학문이 있다. 후대의 학자들은 이 학문을 '형이상학'이라고 부른다. 형이상학을 영어로는 'metaphysics'라고 하는데, 이 말은 '자연학 다음의 학'을 의미하는 그리스어 '타 메타 타 퓌지카'(ta meta ta physika)에서 유래한다. 아리스토텔레스는 『형이상학』에서 존재하고 있는 것들의 본성이 무엇이며 존재의 진정한 의미가 무엇인지에 대하여 설명하고 있다.

생물학에 관한 저작들 : 아리스토텔레스는 최선을 다하여 생물학을 연구했다. 생물학과 관련되는 아리스토텔레스 저작들의 제목을 보면, 아리스토텔레스가 생물체의 세계에 얼마나 많은 관심을 가지고 있었는지를 알 수 있다. 『동물 기관론』은 생물학 입문서에 해당한다. 『동물 운동론』이라는 저작도 있는데, 한 때 많은 학자들이 이 책은 아리스토텔레스의 저작이 아니라고 믿었지만 최근의 조사연구에서 아리스토텔레스의 저작임이 확인되기도 하였다. 자연의 역사에 관한 저작들로는 『동물 기원론』, 『동물 발생론』 등이 있다. 이 외에도 고대에 작성된 아리스토텔레스의 저작목록을 보면, 제자들이나 친구들이 저술했다고 보기 어려운 많은 제목이 나온다. 이 제목들을 보면 아리스토텔레스가 뤼케이온에서 학생들에게 어떤 연구 과제를 수행하도록 했는지 알 수 있다. 가령 『색에 관하여』, 『식물에 관하여』, 『청각에 관하여』 등이 저작목록에 나오는 제목들이다. 아리스토텔레스가 생물을 잘못 관찰한 경우도 많았다. 가령 아리스토텔레스는 남성보다 여성의 치아 수가 더 적다고 생각했다. 단순한 관찰만으로도 그렇지 않다는 것을 알 수 있는데, 아리스토텔레스가 왜 그렇게 생각했는지는 이상한 일이다. 그렇지만 우리는 아리스토텔레스가 생물학 분야에서 조사연구도 많이 했고 정확하게 조사했다는 사실을 결코 과소평가해서는 안 된다. 아리스토텔레스는 동물을 유(類)와 종(種)으로 분류한 최초의 사람이었다. 또한 그는 대단한 통찰력을 가지고 19세기 영국의 생물학자 찰스 다윈이 유전에 관한 가설로 내세웠던 범생설(汎生設, pangenesis)의 문제를 이미 논의했던 사람이다. 근대 생물학이 발전한 것도 이 문제

때문이었다. 정자와 난자가 수정되는 순간 배아에서 동물이 완전히 형성되는지, 아니면 배아가 자라면서 동물의 각 기관이 형성되는지의 문제가 바로 범생설의 문제이다. 아리스토텔레스는 배아가 자라면서 단계적으로 동물의 각 기관이 형성된다는 근대적 견해를 가지고 있었다.

심리학에 관한 저작들 : 심리학을 영어로 'psychology'라고 하는데, 이 말은 '영혼'을 의미하는 그리스어 프쉬케(psyche)에서 유래한다. 프쉬케의 개념을 발전시키는 데에는 플라톤이 큰 역할을 했음에도 불구하고 심리학을 정초한 사람은 아리스토텔레스였다. 왜냐하면 아리스토텔레스는 인간영혼의 문제를 독립적인 학문 영역으로 생각한 최초의 사람이었기 때문이다. 인간 영혼의 문제를 다루고 있는 아리스토텔레스의 유명한 저작이 바로 『영혼론』이다. 이 책에서 아리스토텔레스는 영혼이 무엇인가를 정의하고 나서 영혼의 여러 가지 기능에 대해서 설명한다. 특히 인간과 관련하여 감각하는 것이나 인식하는 것이 무엇을 의미하는지에 대해서 설명한다. 영혼을 주제로 하고 있는 다른 저작들에는 『감각에 관하여』, 『기억과 회상에 관하여』, 『수면과 깨어 있는 꿈에 관하여』, 『꿈 점(占)에 관하여』, 『수명의 길고 짧음에 관하여』, 『젊음과 늙음에 관하여』, 『삶과 죽음에 관하여』, 『호흡에 관하여』 등의 8개 저작이 있다. 이 저작들을 통칭해서 『자연학 소(小)논문 모음집』이라고 부르기도 한다.

　　윤리학에 관한 저작들 : 윤리학은 실천적 학문에 속한다. 실천적 학문은 인간의 행동과 관련된 지식을 다루는 학문이다. 윤리학에 관한 저작으로서 우리에게 전해져 오고 있는 아리스토텔레스의 저작에는 『에우데모스 윤리학』, 『니코마코스 윤리학』, 『대(大)윤리학』 등의 세 저작이 있다. 이 중에서 아리스토텔레스가 직접 집필했던 저작은 『에우데모스 윤리학』과 『니코마코스 윤리학』이다. 아리스토텔레스의 저작에 대한 가장 오래된 목록에 따르면, 윤리학에 관한 저작은 『윤리학』이라는 이름의 저작 한 권뿐이다. 최근까지도 학자들은 『에우데모스 윤리학』이 아리스토텔레스의 저작이 아니라 제자였던 에우데모스의 저작이라고 생각했다. 그러나 지금은 학자들이 일반적으로 에우데모스나 니코마코스라는 이름이 각각 『에우데모스 윤리학』과 『니코마코스 윤리학』을 편집했던 아리스토텔레스의 제자들이라고 생각한다. 어떤 학자는 아리스토텔레스가 아들 이름(니코마코스)을 따서 『니코마코스 윤리학』이라는 제목을 붙였다고 생각하기도 한다. 『대윤리학』은 페리파토스 학파의 추종자들이 B.C. 3세기 초에 저술했을 것으로 추정된다. 그리고 『니코마코스 윤리학』보다 『에우데모스 윤리학』이 먼저 저술되었는데, 어떤 학자들은 『에우데모스 윤리학』이 아리스토텔레스가 앗소스에 머물던 B.C. 348~345에 저술되었을 것이라고 생각한다. 『니코마코스 윤리학』에는 윤리학적 주제들에 대한 아리스토텔레스의 성숙한 사상이 담겨 있다. 아리스토텔레스가 아카데메이아에 입학했을 때 이미 윤리학에 관한 연구가 독립적인 하나의 학문으로 자리잡아가고 있었지만, 앎(知)에 관한 연구로부터 덕(德)에 관한 연구를 명확하게 분리해 낸 사람은 아리스토텔레스였다. 윤리학을 영어로 'ethics'라고 하는데, 이 말은 그리스어 에토스(ethos)로부터 유래한다. 그리스어 에토스의 1차적인 의미는 습관과 관습이고 2차적인 의미는 품성이다. 윤리학은 훌륭한 품성을 갖추기 위한 습관에 대하여 연구하는 학문이요, 습관이 각 개인과 관련되는 범위 내에서 도덕규범을 연구하는 학문이다.

정치학에 관한 저작 : 정치학은 한 사회에 적용되는 행동체계로서의 도덕규범을 연구하는 학문이다. 윤리학은 각 개인이 잘 행동하도록 할 수 있는 일련의 가치들을 다룬다. 그 반면에 정치학은 모든 사람이 잘 살 수 있도록 할 수 있는 통합적 가치를 다룬다. 통합적 가치는 공동체의 권력구조를 통해서 실현된다. 공동체의 권력구조에 대해서 논의하고 있는 아리스토텔레스의 저작이 바로 『정치학』이다.

미학에 관한 저작들 : 미학은 제작적(생산적) 학문이다. 아리스토텔레스의 저작들 중에 미학에 관한 저작에는 『수사학』과 『시학』이 있다. 수사학을 영어로 'rhetoric'이라고 하는데, 이 말은 대중연설가를 의미하는 그리스어 레토르(rhetor)에서 유래한다. 『수사학』은 그 제목이 암시하듯이, 장차 정치가나 법률가가 되고자 하는 사람에게 말을 통하여 청중을 설득하는 기술을 가르친다. 생산적 학문으로서 『수사학』의 목적은 화자(話者)가 청자(聽者)에게 어떤 감정을 가지도록 하고 화자의 의견을 따르도록 청자의 마음을 동요하게 하는 것이다. 따라서 『수사학』의 목적은 사람들에게 진실을 말하라고 가르치는 것이 아니다. 사람들에게 진실을 말하라고 가르치는 학문은 논리학이다. 그럼에도 불구하고 아리스토텔레스는 올바르게 논증하는 것이 대중연설의 본질이라고 생각하였다. 그리스 로마 시대에는 많은 사람들이 『수사학』을 읽었으나, 오늘날의 대중연설과 『수사학』은 별로 관련이 없다. 아테네의 법정에서는 대중연설이 매우 중요했다. 왜냐하면 모든 아테네 사람에게는 판사나 변호사가 될 수 있는 기회가 있었기 때문이다. 아리스토텔레스는 『수사학』에서 화자나 필자가 청중이나 독자를 설득하는 세 가지 방식에 대하여 말하고 있다. 첫째 방식은 논증을 통하여 결론을 이해시키는 것이고, 둘째 방식은 청중이나 독자의 마음을 움직이게 하는 것이며, 셋째 방식은 청중이나 독자가 화자나 필자를 신뢰하게 하는 것이다. 첫째 방식은 청중이나 독자의 이성적 사유 즉 로고스(logos)에 호소하는 것이고, 둘째 방식은 청중이나 독자의 감성 즉 파토스(pathos)에 호소하는 것이며, 셋째 방식은 화자나 필자 자신의 도덕성 즉 에토스 (ethos)에 호소하는 것이다. 『수사학』은 서양의 근대세계에 별로 영향을 미치지 않았다. 그 반면에 예술철학에 관한 최초의 저작인 『시학』은 많은 주목을 받았다. 『시학』에서 가장 중요한 개념은 아마 그리스어 '미메시스'(mimesis)일 것이다. 미메시스를 중세 사람들은 'imitatio'라는 라틴어로 번역하였는데, 그 결과 영어로는 자연스럽게 'imitation'으로 번역되었고 우리말로도 '모방'이라고 번역하여 사용하는 것이 관례였다. 그런데 모방이라는 말은 '가짜' 혹은 '모조품'이라는 뉘앙스를 강하게 풍긴다. 그러나 그리스어 미메시스는 이런 의미의 모방을 의미하지 않는다. 그래서 '모방'이라는 말 대신에 '재현'(영어로는 representation)이라는 말을 사용하는 학자들도 많다. 물론 이때 재현이라는 말이 이미 있었던 사건을 재구성한다는 것을 의미하지는 않는다. 플라톤과 아리스토텔레스는 '재현'에도 여러 가지의 의미가 있음을 간파하고 있었다. 시인은 시를 통하여 인간의 삶을 재현하고 화가는 그림을 통하여 사물의 참모습을 재현한다. 사물의 본질은 이름에 의해서 재현되고 영원은 시간에 의해서 재현된다. 음악가는 소리의 조화를 재현하고 선한 사람은 덕을 재현한다. 이처럼 무엇을 재현하는가에 따라서 '재현'의 의미와 목적도 달라진다는 것을 알 수 있다. 그러나 플라톤은 이데아를 재현하는 것이 모든 재현의 목적이라고 본 반면에, 아리스토텔레스는 자연을 재현하는 것이 모든 재현의 목적이라고 보았다. 플라톤의 입장에서 보면 이데아를 완벽하게 재현하는 것은 불가능하다. 그래서 플라톤은 그 무엇을 재현하는 활동 즉 오늘날의 용어로 말하자면 모든 예술 활동과 문학 활동에 특별한 가치를 부여하지 않았다. 그 반면에 아리스토텔레스는 이성적 존재로서의 우리 인간은 재현활동을 통해서 즐거움을 얻는다고 생각하여 예술 활동과 문학 활동의 가치를 높이 평가하였으며, 재현활동의 목적은 존재의 참모습 즉 존재하는 모든 것의 자연 혹은 본성을 드러내 보여주는 것이라고 보았다.

정치공동체

1. 아리스토텔레스는 자기의 저서 『정치학』의 서두에서 폴리스(polis)를 다음과 같이 정의하고 있다. "모든 폴리스는 일종의 공동체이며 모든 공동체는 모종의 선(善)을 성취하기 위하여 형성된다. 왜냐하면 모든 인간은 언제나 선을 성취하기 위하여 행동하기 때문이다. 그러므로 모든 공동체가 모종의 선을 목표로 하고 있듯이, 모든 선들 중에서 으뜸가는 선을 목표로 하는 공동체는 모든 공동체 중에서 으뜸가는 공동체이며 다른 모든 공동체를 포섭하는 공동체임이 명백하다. 우리는 이러한 공동체를 폴리스 혹은 정치공동체(politike koinonia)라고 부른다." 요약하면 폴리스는 으뜸가는 선을 목표로 하는 공동체이기 때문에 다른 모든 공동체를 포섭하고 포괄하는 정치공동체라는 것이다. 이러한 정의는 아리스토텔레스 자신의 유명한 정의방법인 유(類)와 종차(種差)에 의한 정의이다. 그

렇다면 폴리스의 유개념인 공동체란 무엇이며 종차인 정치란 무엇인가?

아리스토텔레스에 의하면, 공동체는 최소한 두 명 이상으로 구성되어야 한다. 그리고 공동체를 구성하고 있는 사람들은 상호 수단과 목적의 관계에 있어서는 안 된다. 왜냐하면 만약 사람들 사이에 그러한 관계가 존재하게 되면 공통적인 요소가 희석되기 때문이다. 다음으로 공동체를 구성하고 있는 사람들은 그 무엇인가 '선'을 소유하면서 상호 교환하는 사람들이다. 따라서 아무 것도 필요로 하지 않는 사람들 혹은 아무도 필요로 하지 않는 사람들은 공동체를 형성하지 않는다. 폴리스도 이와 같은 공동체 중의 하나이다. 그러나 폴리스는 다른 모든 공동체를 포섭하고 포괄하는 정치공동체이다.

폴리스가 정치공동체라는 말의 의미를 이해하기 위해서는 인간의 모든 행동이 모종의 선을 목표로 한다는 명제의 의미를 이해해야 한다. 특히 우리는 모든 행동이 목표로 삼는 선이 무엇인지를 알아야 한다. 아리스토텔레스에 의하면, 인간의 모든 행동은 무엇인가를 욕구하는 데서 비롯된다. 무엇인가를 욕구한다는 것은 무엇인가를 결핍하고 있음을 의미한다. 사람들은 이 결핍을 해소하기 위하여 그들에게 선한(좋은) 것으로 여겨지는 것을 성취하고자 하는 것이다. 이 때 모든 행동이 궁극적으로 성취하고자 하는 선을 아리스토텔레스는 행복이라고 규정한다. 왜냐하면 건강이나 명예나 덕과 같은 다른 모든 선들은 행복을 위하여 선택되지만, 행복 그 자체는 다른 어떤 것을 위하여 선택되지 않기 때문이다. 행복하게 된 다는 것은 자족적으로 된다는 것을 의미한다. 따라서 행복은 선들 중의 어느 하나가 아니며, 부나 지혜에 행복을 보탠다고 해서 행복이 보다 나은 행복으로 되는 것도 아니다. 폴리스는 모든 선들 중에서 으뜸가는 선인 행복을 성취하고 보존하기 위하여 형성되는 공동체이다. 이런 의미에서 폴리스는 정치공 동체이다. 왜냐하면 공동체의 구성원들이 행복을 잘 성취하고 보존할 수 있도록 하는 행위가 곧 정치이기 때문이다.

아리스토텔레스가 『정치학』에서 폴리스를 정의하는 방식은 자기의 다른 저서 『니코마코스 윤리학』에서 행복을 정의하는 방식과 정확하게 일치한다. 왜냐하면 아리스토텔레스는 폴리 스를 다른 어떤 공동체에 의해서도 포섭되지 않으면서 다른 모든 공동체를 포섭하는 완전하고 자족적인 공동체로서 정의 하고 있으며, 행복에 대해서는 다른 어떤 선에도 포함되지 않 으면서 다른 모든 선을 포섭하는 인간적 선이라고 말하고 있 기 때문이다. 그리고 행복이 모든 인간행동의 종착점이라고 한다면, 폴리스는 모든 인간 공동체의 종착점이다. 아리스토 텔레스에 의하면 인간의 삶의 궁극목적인 행복은 한 인간에 있어서든 폴리스에 있어서든 완전히 동일한 것이다. 다시 말 해서 한 인간의 행복이 곧 폴리스의 행복이라는 것이다. 그러 나 행복을 성취하고 보존하는 일은 한 인간이 수행하는 것보다도 폴리스가 수행하는 것이 훨씬 더 완전하다. 왜냐하면 개인적으로 선한 사람이 될 수도 있지만, 훌륭한 법률이 선한 사람을 만들며 훌륭한 정부가 훌륭한 법률을 만들기 때문이다.

2. 폴리스가 인위적으로 존재하게 되었는지 혹은 자연적으로 존재하게 되었는지의 문제는 아리스토텔레스 이전부터 제기되어온 중요한 철학적 물음 중의 하나였다. 아리스토텔레스는 폴리스가 자연적으로 존재하게 되었다는 논점을 수립하고 나서, 이를 다음과 같이 증명하고 있다. 발생적 순서를 추적해 보면, 폴리스를 구성하고 있는 기본적인 요소는 종(種)의 번식을 위한 남성과 여성의 결합 및 종의 존속을 위한 지배자와 피지배자의 결합(혹은 주인과 노예의 결합)이다. 전자의 결합이 결코 인위적인 것이 아니라 자연적인 것임은 경험적으로 쉽게 확인된다. 후자의 결합 역시 자연적이다. 우리는 그것의 한 예를 정신이 신체를 지배하는 데에서 발견할 수 있다. 이 두 가지의 결합을 기초로 해서 자연스럽게 형성되는 최초의 폴리스적 형태가 바로 가정이다. 가정이 인위적인 것이 아니라 자연적인 이유는, 그것이 매일 반복되는 자연적인 욕구를 충족시키기 위하여 형성되기 때문이다. 다음으로 가정이 모여서 자연적인 욕구 이상의 것을 충족시키기 위하여 부락을 형성하게 된다. 가정의 형성과 마찬가지로 부락의 형성도 자연적이다. 왜냐하면 생존을 위해서 가정의 규모로는 감

당하기 어려운 여러 가지 일들을 극복하기 위하여 자연스럽게 부락이 형성되기 때문이다. 이제 마지막으로 여러 개의 부락으로부터 최종적이고 완벽한 공동체인 폴리스가 형성된다. 물론 가정이나 부락이 형성될 때처럼 자연적으로 폴리스가 형성되는 것은 아니다. 이처럼 폴리스는 보다 더 나은 생존을 추구하는 과정에서 최종적으로 생겨나게 되지만, 가정이나 부락과는 달리 그저 생존만을 추구하는 삶을 목적으로 하는 것이 아니라 '잘 사는 것'(eu zen)을 목적으로 한다. 이처럼 폴리스는 자연적으로 존재하게 되는 공동체들의 완성된 형태이므로 인위적인 것이 아니라 자연적인 것임이 명백하다. 폴리스가 자연적으로 존재한다는 논점을 아리스토텔레스는 다음과 같이 증명하기도 한다. 폴리스는 그 자체적으로도 이미 자연적인 본성을 가지고 있다. 왜냐하면 말(馬)이든 사람이든 가정이든 모든 자연적인 사물의 목적은 그것의 완성인데, 폴리스의 목적도 이와 동일하기 때문이다. 따라서 폴리스의 자연성을 증명하기 위하여 굳이 가정에까지 발생적 기원을 소급할 필요는 없으며, 궁극적으로 가정과 폴리스는 완전히 동일한 것이다.

아리스토텔레스의 이와 같은 논증은 이미 '인간은 본성상 정치적(사회적) 존재이다'고 하는 자신의 유명한 명제를 정당화한다. 왜냐하면 인간은 이미 본성상(자연적으로) 최선의 목적을 향해 발진하는 유성(遊星)을 타고 있는 것과 같으며, 이 유성은 폴리스라는 종착지에 도달하기 전에는 멈출 수가 없기 때문이다. 그러나 아리스토텔레스에 의하면 인간이 자연적으로 정치적 존재인 또 다른 이유가 있다. 그것은 인간이 언어의 능력을 구비하고 있다는 사실이다. 자연으로부터 부여받은 이 언어의 능력에 의해서 인간은 여타의 동물들과는 달리 선과 악, 정의(正義)와 불의(不義)를 인식할 수 있으며 이러한 인식은 인간들에게 공통되므로 가정이나 폴리스를 형성할 수 있는 근거가 된다. 다시 말해서 인간은 선과 정의를 구체적으로 실현할 수 있는 장(場)인 가정이나 폴리스를 형성하여 그 속에서만 살도록 되어 있는 것이다. 이런 의미에서 아리스토텔레스는 '어떤 우연에 의해서가 아니라 그 자신의 본성상 폴리스가 없는 인간은 보잘 것 없는 존재이거나 인간 이상의 존재이다'고 말하고 있다. 이처럼 인간이 반드시 폴리스 안에서 타인과 더불어 살도록 되어 있는 본성은, 무리를 지어 하늘을 날아다니도록 되어 있는 새의 본성에 비유될 수 있을 것이다. 따라서 인간이 그 본성상 폴리스적 존재라고 한다면, 폴리스도 이와 같은 인간의 본성으로부터 자연적으로 인간에게 존재하게 되는 것이다.

앞에서 살펴본 바와 같이, 발생적 순서 혹은 인식의 과정에 따르자면 개인이나 가족이 폴리스보다 먼저 존재한다. 그러나 아리스토텔레스는 존재론적인 관점에서 폴리스가 개인이나 가족보다 먼저 존재한다는 점을 강조한다. 존재론적 관점에서 아리스토텔레스가 말하고자 했던 것은, 폴리스가 무엇인지를 모르고서는 인간이 무엇인지를 알 수 없다는 것이다. 이것은 마치 나무가 무엇인지를 모르고서는 종자를 이해할 수 없는 것에 비유될 수 있을 것이다. 아리스토텔레스는 이 점을 '전체는 필연적으로 부분보다 먼저 존재한다.'라는 존재론적 원리에 의하여 증명하고 있다. 다시 말해서 전체로서의 인간이 팔이나 다리보다 먼저 존재하듯이, 폴리스는 그것을 구성하고 있는 개인이나 가정보다 먼저 존재한다는 것이다.

3. 아리스토텔레스에 의하면 지배자와 피지배자의 구별(그 대표적인 예가 주인과 노예의 구별이다)은 힘에 근거한 인위적인 구별이 아니라 자연의 도처에서 발견되는 자연적인 구별이다. 우리는 인간과 동물의 차이를 발견할 수 있으며, 심지어는 생명이 없는 음악의 화음에 있어서도 지배적인 원리가 있다는 것을 알고 있다. 무엇보다도 우리는 정신과 신체의 차이에서 지배의 원리를 발견하게 된다. 그리고 정신 내에서도 우리는 이성과 욕구의 차이를 알고 있다. 그러나 각각의 경우에 지배의 형태는 서로 다르다. 예를 들어 정신은 주인이 노예를 다스리는 것과 같은 종류의 권위를 갖고 신체를 지배하며, 이성은 정치가나 군주의 권위와 같은 종류의 권위를 가지고서 욕구를 지배한다. 신체의 여러 능력은 단순히 쾌락과 고통을 경험해서 쾌락을 추구하고 고통을 회피하는 능력일 뿐이다. 그

러나 이성은 고통스러운 것(가령 외과적 수술을 받는 것)이 간혹 신체를 보존하는 데에 좋고, 유쾌한 것(가령 마약과 같은 것)이 간혹 신체를 파괴시킬 수도 있다는 것을 가르쳐 준다. 따라서 신체는 쓴 약을 먹지 않으려고 떼를 쓰는 어린아이를 다루듯 힘에 의해서 지배될 수밖에 없다. 신체와는 달리 여러 가지 감정들은 쾌락과 고통에 대한 단순한 반응이 아니다. 예를 들어 노여움은 아무리 고통스럽고 위험한 경우가 발생할 지라도 복수심을 불러일으킬 수 있다. 이런 경우에 이성은 복수하는 것이 정당할 때에만 복수하라고 설득하는 방식으로 감정을 지배한다. 우리는 외과적 수술을 받으면서 신체적으로 쾌락을 느낄 수 있도록 교육받을 수는 없지만, 감정은 이성의 설득을 얼마든지 받아들일 수 있다.

아리스토텔레스는 이와 같은 정신과 신체의 관계로부터 자연적인 노예의 지위를 설명하고 있다. 즉 자연적인 노예가 주인에 대해서 가지는 관계는 어떤 사람의 신체가 다른 사람의 정신에 속해 버리는 관계와 같다. 만약 쓴 약이 건강에 좋다는 것을 알지 못하는 어린애와 같은 수준의 사람이 있다면, 그는 자기의 선을 위해서 어린애처럼 지배받아야 한다. 어린애는 나중에 훌륭한 사람이 될 수 있도록 아버지에 의해서 지배되어야 한다. 그러나 자연적 노예는 어린애처럼 지배를 받고 성장하더라도 결코 완전한 인간이 될 수 없다. 다시 말해서 그는 다른 사람의 신체를 지배할 줄 모른다. 그는 전체가 아니라 부분이며, 그것도 다른 사람의 지배를 받는 한에 있어서만 전체의 부분이 될 수 있을 뿐이다. 이와 같은 의미에서 아리스토텔레스는 자연적 노예가 일종의 재산이라고, 즉 정신이 잘 살 수 있도록 하기 위한 도구라고 말한다.

어느 시대에나 이와 같은 의미에서의 자연적 노예가 있다는 것을 부인할 사람은 아무도 없을 것이다. 아리스토텔레스는 본성상 노예인 것이 아니라 법률과 관습에 의해서 노예가 되는 사람들도 있다는 것을 강조한다. 이런 사람들의 노예성은 전적으로 힘에 근거하고 있다. 여기에 반하여 자연적인 노예와 자연적인 주인의 경우에는 그들을 결합시켜 주는 공통적인 관심사가 있다. 그러나 정의롭지 못한 법률이나 힘이 그들의 관계를 기초하고 있다면, 그것은 참된 관심사가 될 수 없다. 왜냐하면 진정한 의미에 있어서의 주인과 진정한 의미에 있어서의 노예의 관계는 주인과 노예의 본질적 특성에 근거해야 하기 때문이다. 이와 같은 관점에서 아리스토텔레스는 일정한 종류의 지식을 소유하고 있는 어떤 사람이 다른 사람의 지배자가 된다고 하는 플라톤주의자들의 견해를 비판하고 있다. 물론 아리스토텔레스도 노예를 지배하는 것에 관한 學 (지식)이 있을 수 있다는 점을 인정한다. 그러나 그는 이러한 지식을 소유하고 있는 사람에게 주인의 자격을 부여하는 것에는 반대한다.

4. 폴리스는 오늘날 흔히 '국가'로 번역되는 경향이 있지만, 폴리스의 개념과 국가의 개념은 동일하지 않다. 아리스토텔레스에 의하면, 폴리스는 인간의 다른 모든 공동체를 포섭하면서도 그것 자신은 어떤 공동체에 의해서도 포섭되지 않는 공동체 중의 공동체이다. 이 때문에 폴리스는 그것 자신의 목적 내에 다른 모든 공동체 형식의 목적을 포함하고 있다. 그러나 오늘날 '개인과 국가' 혹은 '국가와 사회' 등과 같은 언어사용법에서 알 수 있는 바와 같이, 국가의 경우에 있어서는 그것 자신의 정의 속에 개인이나 사회의 기능을 포함한다고 볼 수 없다. 그리고 생존권과 자유를 수호하고 행복을 추구하는 국가의 일반적 목적에 개인이나 사회의 목적을 보탠다면 국가의 목적은 변경될 것이다. 그러나 폴리스의 개념에는 양적인 의미에서든 질적인 의미에서든 그것의 목적 혹은 기능을 변경시키는 과정이 포함되어 있지 않다.

현대의 개인주의는 각각의 인간이 사적인 영역을 가지고 있는 것으로 간주한다. 이 영역에서는 국가가 개인의 성숙과 완성을 위한 명령을 내릴 수 없다. 이 때문에 국가와는 다른 공동체 형식이 가능해지며 또한 필요하기도 하다. 이런 관점에서 국가는 개인을 위하여 존재하지만 개인은 국가를 위하여 존재하는 것이 아니라는 말이 유행하게 된 것이다. 이와는 반대로 전체주의의 가장 공통적인 특성은 개인이 마치 국가를 위하여 존재하는 것처럼 다룬다는 점이다. 이와 같은 도식에서 본다면 아리스토텔레스는 개인주의자도 아니고 전체주의자도 아니다. 왜냐하면 아리스토텔레스에게 폴리스가 시민을 위하여 존재하는지 시민이 폴리스를 위하여 존재하는지를 묻는 것은, 정신이 인간을 위하여 존재하는지 인간이 정신을 위하여 존재하는지를 묻는 것과 마찬가지로 아무런 의미가 없기 때문이다. 아리스토텔레스에 의하면 인간은 궁극적으로 훌륭한 삶을 위하여 존재하며, 훌륭한 삶은 한 인간에게 있어서나 폴리스에 있어서나 동일한 것이다. 다시 말해서 오늘날 우리가 개인과 국가 간의 관계에 부여하고자 하는 수단-목적의 관계는 인간과 폴리스 사이에는 성립되지 않는다.

철학

1. 아리스토텔레스는 자기의 저서 『형이상학』 첫 머리에서 '모든 인간은 본성상 알고자 한다.'는 유명한 말을 남기고 있다. 이 말은 알고자 욕구하는 것 즉 지욕(知欲)이 곧 인간의 본성이라는 것을 의미한다. 인간은 지식을 가지고 태어나는 것이 아니라 지식을 획득할 수 있는 능력을 가지고 태어난다. 인간은 감각적 현상들을 식별할 수 있는 능력(이 능력은 인간 아닌 다른 동물들에게도 구비되어 있다)과 더불어 삶을 시작한다. 인간의 마음은 감각내용을 간직한다. 세계는 자기의 편에서 인간에게 감각내용상의 반복과 규칙성을 제공한다. 세계 안에 있는 여러 가지를 반복적으로 감각함으로써, 우리의 감각적 지각은 기억으로 발전하고 그 다음에 경험으로 발전한다. 따라서 인간의 호기심이 질주할 수 있는 통로를 제공하는 것은 바로 세계이다. 세계 그 자체의 구조가 우리로 하여금 무지의

동굴로부터 빠져 나오도록 도와준다. 알고자 하는 욕구가 충족되리라는 희망을 가지게 되는 것도 바로 세계가 인간이 탐구해 나갈 수 있는 길을 제공하고 있기 때문이다.

그러나 세계가 '우리의 목을 매달아서' 동굴 밖으로 끄집어내주지는 않는다. 우리 안에 세계의 구조를 활용할 수 있게 하는 그 무엇이 있음에 틀림없다. 그것은 바로 당황하고 놀랄 수 있는 인간의 본성적 능력이다. 우리는 여러 현상을 단순히 관찰하는 것만으로 만족하는 것이 아니라, 그 현상들이 왜 일어나는지를 알고 싶어 하고 당황해 한다. 가령 하늘에서 해가 지면 달이 뜬다는 것을 단순히 관찰하기만 한다면 그러한 변화가 규칙적으로 일어나리라고 기대할 수는 있겠지만, 그러한 규칙적 변화가 왜 일어나는지를 알고 싶어 하는 욕구는 충족되지 않을 것이다. 다른 한편으로 천체운동은 우리에게 설명해 달라고 절규하고 있다.

최초에 그리고 지금도 인간이 철학하기 시작했던 것은 타우마제인(驚異, taumazein)으로부터라고 아리스토텔레스는 말한다. 즉 철학은 당황할 수 있고 경외(敬畏)할 수 있는 인간의 본성적 능력으로부터 출발한다. 우리는 천체가 왜 천체로서 존재하는지를 설명할 수 있을 때까지 만족하지 못한다. 오히려 우리는 불만을 가진다. 이러한 불만은 알고자 하는 욕구와 동일한 것이다. 왜냐하면 우리는 그러한 불만을 해소하기 위하여 탐구하지 않을 수 없으며 탐구내용을 설명하지 않으면 안

되기 때문이다. 아리스토텔레스는 신화조차도 인간의 당황하는 성벽을 나타내 보여주는 것으로 이해한다. 즉 신화는 여러 현상에 대한 설명을 제공함으로써 우리의 불안한 마음을 달래주기 위하여 생겨난 것이다. 물론 신화는 일시적으로 우리를 위안해 줄 뿐이다. 왜냐하면 신화가 제공하는 설명들은 비합리적이고 따라서 만족스럽지 않기 때문이다. 결국 우리는 우리 자신의 본성적 구조 즉 알고자 하는 욕구에 의하여 합리적이고 올바른 설명을 설명 그 자체 때문에 추구하게 된다.

2. 설명을 추구하다 보면, 인간은 불가피하게 아포리아(難問, aporia)에 봉착하게 된다. 물론 매우 중대한 주제들에 관해서는 대립하는 견해들이 있게 마련이다. 아리스토텔레스에게 있어서는 이러한 아포리아들이 철학의 출발점이 된다. 당황스러운 문제들이나 아포리아들을 파고 들어감으로써 철학적 지혜가 성장해 간다. 아리스토텔레스는 매듭의 비유를 든다. 해결하는 방법을 모르는 아포리아들에 직면하게 될 때, 우리의 사유는 꽁꽁 묶이게 된다. 우리는 압박당하게 되고, 탐구를 계속할 수 없게 되며, 알고자 하는 욕구는 좌절되고 만다. 이리하여 해결할 수 없는 문제에로 반복해서 되돌아 올 때 우리는 좌절감을 맛보게 되며, 갑작스럽게 그 문제를 해결하는 방법을 알게 되어 앞으로 나아가게 될 때 우리는 안심하게 되고 즐거움을 느끼게 된다. 아포리아들을 해결했을 때 우리는 '사

유의 자유로운 유희'를 만끽한다고 아리스토텔레스는 말하고
있다.

아리스토텔레스는 자기 이전의 철학자들이 봉착했던 아포
리아들의 목록을 작성함으로써 논의를 시작하는 전형적인 사
람이다. 아리스토텔레스를 잘 모르는 독자에게는 이와 같은
출발이 매우 지루한 느낌을 줄 수도 있다. 그러나 우리는 아
리스토텔레스의 철학적 방법의 중요성을 간과해서는 안 된다.
아리스토텔레스에게 있어서 철학은 질문과 더불어 그리고 당
혹감과 더불어 시작한다. 우리의 본성인 알고자 하는 욕구에
의해서 그리고 세계가 수수께끼라는 것을 발견하는 것이 우
리의 본성이기 때문에, 우리는 설명 그 자체를 위해서 설명을
추구하게 된다. 세계가 본래부터 수수께끼라고 말하는 것은
잘못이다. 오히려 세계는 우리 인간에게 수수께끼인 것으로
보일 뿐이다. 그러나 우리가 세계에 관한 물음을 제기하는 순
간, 철학은 이미 진행된다. 물음을 제기하고 대답함으로써 세
계가 우리에게 이해될 수 있도록 하는 것이다. 그리고 아리스
토텔레스에게 있어서는 세계가 우리에게 이해될 수 있도록
하는 것이 곧 철학적 활동이다.

3. 진리에 도달하기란 어렵지만 어떤 의미에서는 진리가 쉽
다고 아리스토텔레스는 말하고 있다. 거의 모든 엔독사(endox)
는 진리의 시금석이다. 엔독사는 '일반적으로 승인된 견해'를

의미한다. 중요한 엔독사에는 두 종류가 있는데, 하나는 대다수의 사람들이 받아들이기 때문에 승인되는 견해이고 다른 하나는 유명하다고 평판이 나 있는 사람들이 인정하는 견해이다. 엔독사는 세계와의 상호작용을 토대로 하여 형성되며, 엔독사 안에 진리의 흔적을 전혀 가지지 않는 경우는 매우 드물다고 아리스토텔레스는 생각한다. 지식은 많은 철학자들과 탐구자들의 진지한 노력에 의해서 축적될 뿐만 아니라, 거짓 엔독사 조차도 합리적으로 형성되는 것이 보통이다. 아리스토텔레스는 진리를 '모르는 사람이 아무도 없는 출입구'로서 묘사한다. 따라서 중요한 것은 엔독사를 탐구하는 것이다. 비록 거짓 엔독사라 하더라도 말이다. 왜냐하면 사람들이 어떻게 비틀거리고 있는가를 봄으로써, 우리는 진리를 보다 더 명확하게 파악할 수 있기 때문이다.

진리가 어려운 이유는 세계에 있는 것이 아니라 우리에게 있다고 아리스토텔레스는 생각한다. "왜냐하면 박쥐의 눈이 낮의 강렬한 빛에 대해서 가지는 관계는 우리 마음 안의 이성이 본성상 모든 것 중에서 가장 분명한 것들에 대해서 가지는 관계와 같기 때문이다." 여기에서 본성상 가장 분명하다는 말의 의미는 무엇인가? 아리스토텔레스는 무조건적으로 가장 잘 인식될 수 있는 것과 우리에게 가장 잘 인식될 수 있는 것을 구별한다. 이 구별의 의미는 다음과 같다. 본성적으로는 보편적인 것들이 구체적인 것보다 먼저 알려져야 하지만, 우리에게는 구체적인 것이 보편적인 것보다 먼저 알려진다. 예를 들어 점, 선, 평면, 입체의 순서가 앎의 무조건적인 혹은 본성적인 순서이지만, 우리에게는 입체가 맨 먼저 알려진다. 왜냐하면 무엇보다도 먼저 지각되는 것은 입체이기 때문이다. 우리는 무지한 채로 삶을 시작해서 구체적인 것들에 관한 경험으로부터 일반적 진리로 우리의 길을 닦아야 하기 때문에 그리고 우리에게 익숙하지 않은 일반적 진리로 이동해야 하기 때문에, 우리가 나아가는 길은 형극(荊棘)의 길이다. 우리에게 가장 잘 인식될 수 있는 것과 무조건적으로 가장 잘 인식될 수 있는 것이 구별되긴 하지만, 그것들은 본질적으로 관련되어 있다. 왜냐하면 세계가 과연 어떠한가를 발견하기 위하여 따라가야 할 길은 그때그때 우리가 알고 있는 것 혹은 모르고 있는 것과 우리가 당황하게 되는 것으로부터 출발하는 길이기 때문이다. 그리고 일단 세계에 관한 기본적 진리들을 파악하게 되면, 우리는 그것들만큼 명석한 것은 아무 것도 없다는 것을 깨닫게 된다. 우리의 일은 무조건적으로 가장 명석한 것을 우리에게 가장 명석한 것으로 전환시키는 것이다. 그것이 바로 알고자 하는 욕구를 충족시키는 것이다. 세계에 관한 기본적 진리들은 우리들에게 더 이상 낮의 강렬한 빛이 아니다.

그러므로 철학은 경이에서 시작하지만 끝날 때는 경이가 없어진다. 예를 들어 우리는 사각형의 대각선을 변으로 나누는 것이 불가능하다는 것을 발견하고 놀라지만, 약분불가능성 이론을 배우고 나면 대각선이 변으로 나누어지는 것이 오히려 이상할 것이다. 왜냐하면 약분불가능성 이론은 대각선이 왜 그러해야 하는지를 우리들에게 가르쳐 주기 때문이다.

4. 우리는 천체가 운행되는 방식을 단순히 아는 것에 만족하지 않는다. 우리는 현상들에 관한 사실들을 광범하게 나열할 줄 아는 것에도 역시 만족하지 않을 것이다. 우리는 천체가 왜 그런 방식으로 운행하며, 현상들이 왜 그러한지를 알고 싶어 한다. 우리는 그노시스(경험적 지식, gnosis) 이상의 것 즉 에피스테메를 추구한다. 아리스토텔레스에 의하면, 어떤 것의 원인을 알 때 우리는 그것의 에피스테메를 가진다. 만약 우리가 어떤 것에 대한 에피스테메를 가지고 있다면, 우리는 그것에 대하여 단순히 알뿐만 아니라 그것을 설명할 수 있어야 한다. 다시 말해서 그것이 무엇이며 어떻게 해서 그것이 되었는지를 알아야 한다. 에피스테메 중에서도 모든 것들의 불변적인 원인이나 우주의 필연적인 질서와 같은 가장 고귀한 것들에 대한 에피스테메를 아리스토텔레스는 소피아(진리인식, sophia)라고 명명한다. 소피아를 소피아 그 자체 때문에 추구하는 활동이 필로소피아(철학, philosophia)이다. 따라서 알고자 하는 욕구를 가장 완전하게 충족시키는 자는 소피아를 소피아 그 자체 때문에 추구하는 철학자이다.

아리스토텔레스에 의하면, 알고자 하는 욕구는 에피스테메에 대한 욕구 혹은 인식하고자 하는 욕구이다. 인식하고자 하는 욕구에는 인식 이상의 그 무엇이 포함되어 있다. 왜냐하면 우리는 인식하고자 하는 욕구를 통해서 에피스테메가 암시하고 있는 것보다도 훨씬 더 깊고 훨씬 더 중요한 관계로 세계와 결속하기 때문이다. 첫째, 세계는 인식의 단순한 대상이 아니라 인식의 근거이다. 세계는 스스로를 우리에게 수수께끼처럼 보이게 함으로써 우리로 하여금 탐구를 재촉한다. 그 다음에 세계는 우리의 끈질긴 탐구에 대한 보답으로 은혜를 베풀듯 그것의 진리를 우리에게 넘겨준다. 세계 그 자체는 우리 인간에게 알려지도록 되어 있으며, 인간이 세계를 체계적으로 인식하는 자(者)가 되도록 인간을 끌어 들인다. 우리에게 협력하지 않는 세계에서 인식하고자 하는 욕구를 가지고 태어나는 것은 얼마나 절망적인가를 상상해 보라! 세계는 불가해(不可解)한 채로 남아 있을 것이며, 그런데도 우리는 망상에 사로잡힌 듯이 머리를 세계에 처박고 있을 것이다. 아리스토텔레스는 세계를 전적으로 신뢰했다. 사실 그의 철학은 세계를 인식하고자 욕구하는 인간에게 세계를 되돌려 주려는 시도이다. 둘째, 인간이 자기가 누구인지를 인식하게 되는 것은 세계를 인식함으로써 가능해진다. 세계에 대한 인식을 철저하게 추구할 때까지는 즉 인식하고자 하는 욕구가 무엇에 대한 욕구인지를 충분히 알 때까지는 우리가 진정 누구인지를 모른다. 다

시 말해서 우리가 세계를 체계적으로 인식하는 자가 된다는
것이 무엇인지를 충분히 인식하지 못한다. 그러므로 우리는
단순히 우리 자신을 향하여 응시하고 있는 것만으로는 자기
를 알 수 없다. 우리는 인식하고자 욕구하기 때문에 그리고
우리는 근본적으로 세계를 체계적으로 인식하는 자이기 때문
에, 자기인식은 어느 정도 간접적이어야 한다. 아리스토텔레
스를 처음 대할 때, 그가 하고 있는 것 중의 대부분은 오늘날
우리가 철학하는 것이라고 생각하는 것과 크게 다르지 않다
는 것을 알 수 있다. 우리에게는 그가 자연세계를 진지하게
탐구한 자연과학자인 것처럼 보인다. 그러나 아리스토텔레스
의 눈에는 철학과 과학의 이와 같은 이분법은 안과 밖의 관계
에 대한 피상적 이해에 불과한 것으로 보일 것이다. 인간의
마음이 세계의 구조를 지도로 그리는 것은 세계를 내다봄으
로써 가능해진다. 일단 인간이 세계를 인식하게 되면, 그는
세계를 체계적으로 인식하는 자로 될 뿐만 아니라 세계로 눈
을 돌려 거기에 그려진 자기의 마음의 구조를 볼 수 있다.

5. 아리스토텔레스에 의하면, 우리가 알게 되는 것은 제1원
리들과 제1원인들에 대한 인식이 신적(神的)이라는 것이다. 신
은 그 자체 모든 것의 원인들 중의 하나이며 제1원리이다. 따
라서 제1원리들을 알 때, 우리는 신을 인식하게 된다. 신에게
있어서 제1원리들에 대한 앎은 자기인식이 될 것이다. 가사적

(可死的)인 우리가 신이 모르는 동안에 신을 인식한다고 생각하는 것은 불합리하다. 우리가 신적인 어떤 것에 참여한다고 생각하는 것이 보다 더 합리적이다. 이처럼 신은 만물의 제1원리이기 때문에 그리고 적어도 부분적으로는 자기인식으로 구성되어 있기 때문에, 신적인 것에 대한 인식은 그 자체 만물의 원인 내지 원리에 대한 인식이다. 또한 인간이 신적인 것을 인식할 때 별개의 대상을 인식하는 것이 아니라, 인식 그 자체가 신적이다. 따라서 신적인 것을 인식하는 가운데 다시 말해서 철학적으로 활동하는 가운데 인간은 부분적으로 자기 자신의 본성을 초월한다. 아리스토텔레스는 이러한 결과를 명백하게 알고 있었다.

아리스토텔레스는 『니코마코스 윤리학』 제10권에서 '인간 안에 있는 신적인 능력' 즉 이성(nous)을 발휘하는 인간과 그렇지 않은 인간을 구별하고 있다. 이성을 발휘하는 인간은 만물의 제1원인과 제1원리에 대하여 알고자 노력하는 인간이며, 가능한 한 자기 자신을 불사불멸의 존재가 되도록 하고 자기 안의 최선인 이성을 따라 살기 위하여 온갖 힘을 기울이는 인간이다. 여기에 반하여 이성능력을 발휘하지 않고 잠재우고 있는 인간은 죽을 수밖에 없는 운명을 따라 가변적이고 통속적인 일들만 생각하고 살아가는 인간이다. 물론 이런 인간이 무가치하다는 뜻은 아니다. 그런 인간보다는 불변의 진리를 추구하는 인간이 보다 더 자기를 잘 실현한다는 뜻이다. 그렇다고 해서 인간이 신이 될 수는 없다. 인간은 자기 안에 있는 신적인 능력을 발휘하여 만물의 제1원인과 제1원리들에 대하여 알고자 노력할 때마다 신적인 어떤 것에 참여할 뿐이다. 그렇지만 이때 인간은 신적인 존재에로 나아가게 되며 자기를 초월한다. 이런 의미에서 알고자 하는 욕구는 인간이 자기 자신을 초월하고자 하는 욕구이기도 하다.

덕

1. 그리스어 아레테(arete)는 각 사물이 그것에 고유한 기능을 효과적으로 잘 수행해 내는 것을 의미한다. 이런 의미에서 아레테는 흔히 영어로는 'excellence'(탁월함)로 번역된다. 인간의 경우 이 탁월함은 인간에게 고유한 이성적 기능을 잘 발휘하는 것인데, 이성적 기능을 잘 발휘하는 사람이 바로 인간으로서의 기능을 탁월하게 잘 발휘하는 사람이요, 이런 사람을 우리는 '인간으로서의 아레테가 있는 사람 혹은 덕(德)이 있는 사람'이라고 부른다. 그러나 동물이나 식물이 그것에 고유한 기능을 탁월하게 발휘한다고 해서 '덕이 있는 동물'이나 '덕이 있는 식물'이라고 부르지는 않는다. 가령 특별히 냄새를 잘 맞는 개가 있을 경우 개로서의 아레테가 있다고 말할 수는 있어도 덕이 있는 개라고 말할 수는 없다. 그런데 이성의 기능에는 여러 가지가 있다. 자연세계의 질서나 논리학의 근본

원리와 같은 영원불변하는 존재를 인식하는 기능도 있고 우리 자신의 노력으로 해낼 수 있는 일이나 빈번하게 일어나지만 그 결과가 불확실하고 비결정적인 요소를 포함하고 있는 일에 대하여 헤아리는 기능도 있다. 그리고 감정과 욕망과 욕구를 조절하는 기능도 있다. 이 각각의 이성적 기능의 탁월함에 대하여 아리스토텔레스는 각각 다른 이름을 부여하고 있다. 영원불변하는 존재를 잘 인식하는 사람은 관조(theoria)의 덕이 있는 사람 즉 관조적 지성인이고, 결과가 불확실한 일에 대하여 잘 헤아릴 줄 아는 사람은 실천적으로 지혜로운 사람 즉 실천적 지성인이요, 감정과 욕망과 욕구를 잘 조절하는 사람은 중용의 덕을 소유하고 있는 사람이다.

2. 아리스토텔레스에 의하면, 행복은 양극단 사이의 중용(中庸)을 통하여 성취된다. 운동선수의 기량이 알맞은 식사량에 의해서 유지되듯이(운동선수는 너무 많이 먹어서도 안 되고 너무 적게 먹어서도 안 된다), 양극단은 어느 것이나 행복을 파괴시킨다. 그러나 중용은 산술적 중간이 아니다. 레슬링선수에게 적절했던 식사량이 일반인에게는 너무 과도한 식사량이 될 것이다. 그래서 영어로는 중용을 'Golden Mean'(황금중간)이라고 번역한다.

두려움과 태연함의 감정과 관련해서는 '용기'가 비겁과 무모의 중용이다. 우리가 두려워하는 것에는 불명예, 빈곤, 질병, 죽음 등이 있다. 그러나 용기 있는 사람이 이 모든 것에 관하여 두려워하거나 태연해하는 것은 아니다. 예를 들어 불명예를 두려워하는 사람은 용기 있는 사람이 아니라 착하고 염치 있는 사람이며, 불명예를 두려워하지 않는 사람은 용기 있는 사람이 아니라 파렴치한 사람이다. 빈곤이나 질병에 대해서 두려워하지 않는 사람도 용기 있는 사람이 아니다. 또 자기의 아내나 자녀들이 모욕이나 질시를 당하게 되는 것을 두려워한다고 해서 그 사람이 비겁한 것도 아니고, 모욕이나 질시를 당하게 되었을 때 태연하다고 해서 용기 있는 것도 아니다. 따라서 용기 있는 사람이 두려워하는 것은 바로 죽음이다. 죽음은 세상에서 가장 두려운 것이다. 그러나 용감한 사람은 배를 타고 가다가 풍랑을 만나 죽게 되거나 병들어 죽게 되는 경우처럼 아무 죽음에 대해서나 두려워하는 것이 아니라, 고귀한 목적을 위하여 두려움을 참고 견디는 사람이다. 다시 말해서 용기 있는 사람은 고귀한 죽음에 직면하여 혹은 죽음이 임할지도 모르는 위험한 상황에 처하여 두려워하지 않는 사람이다. 그리고 용기 있는 사람은 인간으로서 가능한 만큼 겁이 없는 사람이다. 그는 이성이 있는 사람이라면 누구나 두려워하는 일을 마찬가지로 두려워하지만, 이런 일을 당하여 그의 태도는 어엿하고 순리에 따르며 명예를 위주로 한다. 다시 말해서 용감한 사람은 두려워할 만한 것을 당연한 동기에서, 당연한 모양으로, 당연한 때에 두려워하고 또 태연한 마음을 가지는 일도 이와 마찬가지로 하는 사람이다. 지진

이건 파도건 아무 것도 두려워하지 않는 사람은 미친 사람이 거나 무감각한 사람이라고 할 수 있다. 한편 정말 무서운 일에 대하여 지나치게 태연자약한 사람은 무모한 사람이고, 두려워하지 않아도 되는 일을 지나치게 두려워하는 사람은 겁쟁이다. 따라서 겁쟁이와 무모한 사람은 용기 있는 사람과 같은 일에 관계하지만, 겁쟁이와 무모한 사람은 과도로 흐르거나 부족한 방향으로 나아가는데 반하여 용기 있는 사람은 옳은 위치인 중간을 취한다. 무모한 사람은 경솔하여 위험한 일이 닥쳐오기 전에는 그것을 바라지만 막상 위험 속에 들어가게 되면 뒷걸음치는데 반하여 용기 있는 사람은 행동의 순간에는 정신을 바짝 차리지만 그 전에는 조용하다. 따라서 용기란 죽을지도 모르는 위험한 상황에 처하여 태연한 마음이나 공포심을 일으키는 것들에 관하여 취하는 중용이다. 빈곤이나 사랑이나 이밖에 무엇이든지 고통을 피하기 위하여 죽는 것은 용기 있는 사람이 할 짓이 아니요 오히려 겁쟁이가 하는 짓이다. 골치 아픈 일로부터 도피하는 것은 마음이 약한 탓이요, 이런 사람이 죽음을 선택하는 것은 그 죽음이 고귀해서가 아니라 오히려 해악으로부터 도피하기 위해서이다.

고통과 즐거움을 경험하는 일에 있어서는 '절제'가 무절제와 무감각의 중용이다. 즐거움과 관련하여 절제 있는 사람은 무절제한 사람이 즐거워하는 것들에서 즐거워하는 것이 아니라 오히려 불편해하고 그런 것들이 없을 때라도 고통스러워하지 않고 아쉬워하지 않는 사람이다. 또한 절제 있는 사람은 자신의 건강에 도움이 되는 것이나 좋은 건강상태를 위해서 즐거움을 주는 것들을 적절하게, 또 마땅히 그래야 할 방식으로 욕구하는 사람이다. 고통과 관련해서는 고통을 견뎌내는 사람이 절제 있는 사람인 것도 아니고 고통을 견뎌내지 못하는 사람이 무절제한 사람인 것도 아니다. 오히려 무절제한 사람은 즐거움이 없다는 이유에서 고통을 느끼지만 마땅히 느껴야 하는 고통보다 더 많은 고통을 느끼기 때문에 무절제한 사람이 된다. 여기에 반하여 절제 있는 사람은 즐거움이 없을 경우나 즐거운 것을 삼갔을 경우에도 고통스러워하지 않기 때문에 절제 있는 사람이 된다. 다른 한편으로 즐거움과 관련해서 당연히 즐거워해야 할 것보다 적게 즐거워하거나 아무 것도 즐거워하지 않는 사람이 있다면, 그런 사람은 무감각한 사람이라고 부를 수 있을 것이다.

재물(財物)의 소비와 관련해서는 '통 큼'이 사치와 쩨쩨함의 중용이며, 명예와 불명예에 대한 태도에서는 '긍지'가 허영과 지나친 겸손의 중용이다. 그밖에 주장하는 일에 있어서는 '진실함'이 허풍과 비꼼의 중용이며, 남을 즐겁게 하는 일에 있어서는 '유머'와 '위트'가 우스꽝스러움과 촌스러움의 중용이다.

때와 장소, 대상, 상대방, 동기, 방법 등과 관계하여 올바르게 느끼거나 행동하는 가운데 덕이 있게 된다. 중용 중의 어떤 것들은 한 극단 혹은 다른 극단에 보다 더 가까이 있기 때문에 중용이 가변적이기는 하지만, 대부분의 상황에서 중용 즉 실천적으로 지혜롭거나 선한 사람이 인식하는 중간과정이 존재한다. 그러나 아리스토텔레스 자신은 덕과 악덕에 대한 이러한 설명이 완벽한 설명은 아님을 주목한다. 왜냐하면 앙심이나 질투, 강간이나 살인 등과 같이 본래부터 나쁜 감정이나 행동의 경우에는 올바르게 느끼거나 행동하는 중간방식이 존재하지 않기 때문이다.

중요한 하나의 덕인 '정의'(正義)의 경우에도 중간방식이 존재하지 않는다. 다른 모든 덕들을 포함하고 있는 플라톤적인 정의로서가 아니라 특정한 하나의 덕으로서의 정의에는 분배적 정의와 시정적(是正的) 정의가 있다. 분배적 정의는 명예나 부(富)와 같은 외적 선들을 나누어 가지는 일에 관련된다. 이때 중용은 중간적인 양(量)이다. 그 반면에 양극단은 부정의(不正義)이다. 만약 명예나 부를 나누어 가질 당사자들이 평등함에도 불구하고 평등하지 않은 몫을 분배받거나 평등하지 않은 사람들이 평등한 몫을 분배받게 되면, 싸움과 불평이 생겨난다. 그러므로 명예나 부를 나누어 가질 당사자들 간의 기하학적 비례가 곧 분배적 정의이다. 만약 A와 B가 사람이고 C와 D가 분배될 물건이라고 한다면, 분배적 정의는 A : B=C : D로 정식화 될 수 있다. 따라서 여기서의 평등이란 사람들 혹은 양들 간의 평등이 아니라, 비례적 관계에 있어서의 평등이다. 시정적 정의는 상호교섭에 있어서 잘못된 것을 시정하는 데에만 관련된다. 상호교섭에는 그 단초가 자발적인도 것도 있고 비자발적인 것도 있다. 자발적 교섭은 판매, 구매, 대부(貸付), 보증, 대여, 공탁, 임대 등과 같은 것이며 비자발적 교섭은 절도, 강간, 사기, 살인, 위증, 폭행, 감금, 명예훼손 등과 같은 것이다. 이와 같은 상호교섭에 있어서 잘못된 것을 시정하고 나면, 어느 한 편의 이득이 다른 편의 손실과 같게 된다.

3. 아리스토텔레스의 윤리학이 칸트의 윤리학과 같은 의무론적인 체계는 아니지만, '이성의 명령에 따라 행동하는 사람'을 길러내고자 했던 것은 분명하다. 예를 들어 절제 있는 사람은 마땅히 해야 하는 대로 마땅히 해야 할 때에 마땅히 해야 할 것들을 하고자 열망하는데, 이것은 이성적 원리가 지시해 주는 것이다. 그러나 도덕적인 사람은 의무가 우리를 구속한다거나 너무 엄격하다는 것에 대해서 부담을 느끼지 않는다. 오히려 그는 인간존재가 가지고 있는 가능태 중에서 최고의 가능태를 실현함으로써 가장 좋은 삶을 향유한다. 이것은 아리스토텔레스가 '긍지 있는 사람'을 어떻게 묘사하고 있는가를 보면 예증된다. 허영과 지나친 겸손 사이의 중용인 긍지는 온갖 덕들의 왕관과 같은 것이다. 왜냐하면 긍지는 온갖 덕들을 더욱 더 큰 것이 되게 하고, 온갖 덕들이 없이는 발견되지 않기 때문이다. 긍지 있는 사람은 스스로가 위대한 존재여야 한다고 그리고 위대한 존재라고 생각한다. 그는 용기 있

고, 존경할 줄 알면서 존경받으며, 고귀하고, 작은 일은 무시할 줄 알고, 관대하고, 점잖은 티를 내지만 건방지지 않으며, 애증을 표현함에 있어서 솔직하고, 많지는 않지만 위대한 업적을 남기는 사람이다. 그는 사랑하는 사람들을 제외하고는 남에게 의지하지 않으며 자기 인생의 중심을 남에게 두지 않는다.

아리스토텔레스는 훌륭하게 살아가기 위해서 사랑(philia)이 필요하다는 것에 대해서 길게 적고 있다. 사랑에는 세 유형이 있다. 이해관계에 기반하고 있는 사랑과 오로지 즐거움을 위해서만 유지되는 사랑과 선하기 때문에 사랑받는 사람들(이들은 비슷한 정도의 덕을 소유하고 있는 사람들이다)간의 사랑이 그것이다. 마지막의 사랑이 가장 고귀하고 가장 희소하며 가장 지속적인 사랑이다.

사랑을 주제로 다루고 있는 곳에서 아리스토텔레스는 자선(慈善)과 자애(自愛)의 관계에 관한 문제들을 제기한다. 아리스토텔레스는 우리가 '자애'를 평가하기 위해서는 자애라는 말의 고차적인 의미와 저차적인 의미를 구별할 필요가 있다고 지적한다. 부나 육체적 쾌락을 위한 이기적 관심은 물론 비난받아 마땅하지만, 진정으로 자기를 사랑하는 사람은 자기의 본성 중에서 최고의 것에 가장 잘 어울리는 것-정의로운 것, 절제 있는 것, 고귀한 것-을 추구하는 사람이다. 만약 모든 사람이 그들에게 최고인 선 즉 덕을 추구한다면, 자애는 최대의 공공복지에 이바지하게 될 것이다. 따라서 진성한 자애는 자선을 포함하고 있으며, 경우에 따라서는 사랑하는 사람과 조국을 위해서 부나 목숨까지도 희생시키는 것을 포함하고 있다. 그러므로 좋은(선한) 사람은 덕을 완전하게 실행하기 위해서 사랑하는 사람들을 필요로 한다.

4. 실천적으로 지혜로운 사람 즉 '실천적 지성인'(phronimos)은 인간에 대해서 좋거나 나쁜 것들과 관련하여 참된 규칙을 따라 행동할 수 있는 상태에 있는 사람이다. 그리고 실천적 지성인은 영원한 것에 대하여 관조하는 것이 아니라, 우리 자신의 노력으로 해낼 수 있는 일이나 빈번하게 일어나지만 그 결과가 불확실하고 비결정적인 요소를 포함하고 있는 일에 대하여 잘 헤아리는 사람이다. 왜냐하면 실천적 지성인의 관심사는 선하게 살기 위한 가장 좋은 수단을 선택하고 올바른 목적을 파악하는데 있기 때문이다. 그러므로 실천지성의 기능은 감정과 욕구에 대해서 명령을 내리고 때로는 감정과 욕구를 조절하는 것이다.

실천적 지성인은 개인적으로나 사회적으로 중대한 갈림길에서 결단할 때마다 빗나가는 경우가 거의 없는 사람이다. 아리스토텔레스에 의하면, 아낙사고라스와 탈레스는 소피아(sophia)는 가지고 있었으나 프로네시스(phronesis)는 결여하고 있었다. 왜냐하면 그들은 자연이나 신적인 것에 대한 연구에는 통달

해 있었으나 자기 자신에게 유익한 것이나 자기 자신에게 유익하면서 동시에 인간 전체에 선이 되는 것에 대해서는 모르고 있었기 때문이다. 그래서 아리스토텔레스는 페리클레스를 실천적 지성인의 전형으로 간주하고 있다. 페리클레스는 아리스토텔레스보다 약 한 세기 전의 인물로 아테네 민주정치의 전성기를 가져온 대정치가였다.

우리는 신(神)들이 다른 어떤 존재보다도 축복받고 행복하다고 생각한다. 왜냐하면 신의 활동은 순수한 관조의 활동뿐이기 때문이다. 인간의 활동 중에서 신의 활동을 가장 많이 닮은 활동도 소피아를 통한 '관조의 활동'(theoria)이다. 그렇다면 인간에게도 관조의 활동 즉 애지(愛知)의 활동이 가장 행복한 활동이라고 할 수 있다. 애지 곧 철학(philosophia)은 그 순수성과 견실성에 있어서 가장 놀라운 즐거움을 인간에게 제공해 준다. 애지의 활동을 잘 하는 사람이 관조적 지성인 즉 철학자이다. 관조의 활동은 가장 자족적인 활동이다. 자족적인 활동이란 더 이상 바라질 것이 아무 것도 없는 활동이다. 철학자도 정의로운 사람이나 그 밖의 다른 어떤 덕의 소유자와 마찬가지로 생활에 필요한 것이 있어야 한다. 그런데 이런 것이 충분히 있을 때에도 정의로운 사람에게는 자기가 정의롭게 행동해 줄 상대방이 필요하고 절제 있는 사람이나 용감한 사람이나 그 밖의 다른 어떤 덕의 소유자도 그 상대방이 필요하지만, 철학자는 자기 혼자 있을 때에도 진리를 관조할 수 있다. 만약 그에게 함께 철학하는 벗이 있다면, 더욱 잘 진리를 관조할 수도 있으나 여전히 그는 자족적이다.

소피아가 영원불변하는 진리를 관조하는 지성임에 반하여, 프로네시스는 인간의 행동처럼 개별적이고 가변적인 일들에 대하여 잘 헤아리는 지성이다. 행동에 관계하는 지성으로서의 프로네시스의 개념을 소피아와 구별하여 확연하게 밝혀준 것은 아리스토텔레스의 위대한 공적이라 아니할 수 없을 것이다. 그러나 아리스토텔레스는 실천지성인 프로네시스와 관조지성인 소피아의 관계를 단절시키지 않는다. 오히려 실천지성은 관조지성을 생기도록 해준다. 더군다나 방금 위에서 살펴본 바와 같이 실천지성과 관조지성의 관계에서 관조지성의 우위를 유지하고 있다는 사실은, 아리스토텔레스의 사상이 그 바탕에 있어서 소크라테스와 플라톤의 정신을 계승하고 있음을 입증한다.

쾌락

1. 아리스토텔레스의 저서 『니코마코스 윤리학』을 보면 쾌락(hedone)에 관한 논의가 제7권에도 나오고 제10권에도 나온다. 두 곳에서 아리스토텔레스는 자기 자신의 견해를 제시하기 전에 다른 사람들에 의해서 주장된 견해들을 먼저 검토하고 있다. 두 곳에서의 논의를 요약해 보면 다음과 같다.

아리스토텔레스는 두 개의 견해를 검토하고 있다. 하나는 플라톤의 견해인데, 만약 그것이 플라톤의 견해가 아니라면 제자들의 견해이거나 추종자들의 견해라고 볼 수 있다. 특히 플라톤의 생질(甥姪)이자 아카데메이아의 승계자였던 스페우십포스의 견해인 것으로 추정된다. 스페우십포스는 쾌락이 나쁜 것이라고 주장했다. 다른 하나는 수학자이자 천문학자였던 에우독소스의 견해인데, 그는 쾌락이 좋은 것이라고 주장했다. 스페우십포스라는 이름은 제7권에서 언급되고 있으며, 모든 쾌락은 나쁜 것이고 따라서 회피되어야 한다는 스페우십포스의 견해를 반박하는 것이 제7권에서의 아리스토텔레스의 주된 관심사이다. 제7권에서는 아리스토텔레스 자신의 견해가 적극적으로 개진되지 않은 채 다음과 같이 주장되고 있을 뿐이다. 쾌락은 반(反)쾌락주의자들의 주장처럼 '지각과정'으로서 정의되는 것이 아니라, '방해받지 않는 활동'으로 정의될 수 있다. 제10권에서의 쾌락에 대한 정의를 무시한다면, 이 정의는 행복이 쾌락과 동일시될 수 있음을 함의하고 있다. 혹은 적어도 나쁜 쾌락이 있다고 할지라도 행복과 동일시 될 수 있는 쾌락도 있음을 함의한다. 제10권에는 스페우십포스에 대한 또 다른 비판이 포함되어 있으며, 쾌락의 형이상학이 제7권에서 보다는 훨씬 더 정교하게 다루어진다. 특히 쾌락은 운동(kinesis) 혹은 생성과정(genesis)이기 때문에 불완전하다는 논증을 다루는 솜씨가 그렇다. 제10권에서는 '쾌락은 선이다'라는 에우독소스의 명제를 검토하고 난 다음에 스페우십포스를 검토하고 있으며, 에우독소스라는 이름도 언급되고 있다. 제7권에서도 '쾌락은 선'이라는 견해가 언급되고 있지만, 그 견해의 주창자는 언급되지 않는다. 그리고 제7권에서는 아리스토텔레스가 이 견해에 대한 아무런 논의나 비판도 없이 이 견해를 잠정적으로 받아들이고 있다. 드디어 제10권 제4장에서 아리스토텔레스는 쾌락에 관한 자기 자신의 견해를 밝히고 있다. 쾌락은 운동이 아니다. 왜냐하면 쾌락은 활동과 구별되지만 활동을 완성시키기 때문이다. 쾌락이 완성시키는 활동이 다름에 따라 쾌락의 종류도 달라진다. 아리스토텔레스의 논의 과정을 따라가 보기로 하자.

2. 아리스토텔레스는 『니코마코스 윤리학』 제7권에서 쾌락 중에는 나쁜 것이 있다고 하더라도 쾌락이 선일 수 있다는 것을 다음과 같이 논증하고 있다. "첫째, 행복은 활동이다. 그리고 활동은 방해받지 않을 때에 가장 완전하고 바람직한 것이 된다. '방해받지 않는 활동'이 바로 '쾌락'이다. 둘째, 모든 생물체가 쾌락을 추구한다는 사실은 쾌락이 어떤 의미에서는 이 세상에서 최선의 것이라는 징표이다. 이것은 매우 중요한 사실이다. 왜냐하면 생물체가 모두 똑같은 쾌락을 추구하지는 않기 때문이다."

어떤 사람들은 쾌락 중에는 좋은 것도 있지만 대부분의 쾌락은 무가치한 것이라고 주장한다. 아리스토텔레스에 의하면, 이들은 신체적 쾌락 즉 방종한 사람의 과도한 쾌락을 염두에 두고 있었다. 그러나 이러한 쾌락이 진정으로 나쁜 것이라면 그 대립자인 신체적 고통은 어떻게 해서 나쁜 것인가? 왜냐하면 나쁜 것의 대립자는 좋은 것이기 때문이다. 아리스토텔레스는 두 가지 해법을 제시한다. 첫째, 필수적인 쾌락 즉 생명을 유지하는데 필요한 욕구의 만족인 쾌락 즉 정상적인 신체적 쾌락은 그것들이 나쁘지 않다는 의미에서 좋다. 둘째, 필수적인 쾌락은 그 자체적으로 좋다. 그러나 과도하게 추구되면 그것들은 나쁘다. 방종한 사람이 나쁜 것은 그가 신체적 쾌락에 몰입하기 때문이 아니라 무절제하게 혹은 나쁜 방식으로 과도하게 몰입하기 때문이다.

다음으로 아리스토텔레스는 왜 대부분의 사람들이 신체적 쾌락을 다른 어떤 쾌락들보다 더 바람직한 것으로서 간주하는가에 대하여 다음과 같이 대답하고 있다.. 첫째, 신체적 쾌락은 고통을 몰아낸다. 둘째, 인간은 고통을 겪는다. 그리고 인간은 그 치유책으로서 강렬한 쾌락을 추구한다. 그리고 가장 강렬한 쾌락은 신체적 쾌락들 중에서 발견된다. 셋째, 고통을 치유하는 신체적 쾌락은 가장 강렬한 듯이 보인다. 이것은 바로 신체적 쾌락이 치유하고 있는 고통이 신체적 쾌락과 함께 환자의 의식 속에 존속하고 있기 때문이다. 강하다고 해서 신체적 쾌락이 다른 쾌락들보다 더 유쾌하다는 것을 의미하는 것은 아니다. 그럼에도 불구하고 여전히 신체적 쾌락이 주체에 강렬한 듯하다. 그러므로 신체적 쾌락은 그의 고통의 치유책으로서 추구된다.

이처럼 인간은 고통을 내쫓기 위해서 쾌락을 추구하기 때문에 그리고 이러한 목적을 위해서 자연스럽게 추구하는 쾌락들은 강렬한 신체적 쾌락들이기 때문에, 쾌락이 나쁜 것이라고 생각되는 것이다. 이제 강렬한 신체적 쾌락은 '나쁜 본성에 속하는 활동'이거나 '결함이 있는 본성의 치유'이다. 이 두 가지는 분명히 둘 다 나쁘다. 후자의 쾌락은 우연적으로 좋은 것이긴 하지만 말이다. 왜냐하면 치료를 위한 쾌락은 유기체가 그것의 완전한 조건 혹은 건강한 조건을 회복하는 과정을 수반하기 때문이다. 따라서 인간은 고통을 내쫓기 위해서 쾌락을 추구하기 때문에 그리고 그들이 이러한 목적을 위해서 자연스럽게 추구하는 쾌락들은 강렬한 신체적 쾌락들이기 때문에, 우리는 이제 쾌락이 나쁜 것이라고 생각되는 이유를 알게 된다.

신체적 쾌락이 다른 모든 것보다 선호되고 모든 쾌락과 동일시되는 이유는 다음과 같이 다소 다르게 진술될 수도 있다. 대부분의 사람들은 다른 어떤 쾌락들을 경험할 수 없다. 그리고 많은 사람들에게 쾌락적이지도 않고 고통스럽지도 않은 상태가 그들의 기질 때문에 고통스러운 것처럼 보인다. 왜냐하면 자연학자들이 우리에게 말해주고 있듯이, 동물은 그 구성부분들의 불완전한 통일로 말미암아 늘 노고를 하면서 산다. 동물의 모든 활동은 관성을 극복하는 것이며 동물의 모든 기능은 고통을 포함하고 있으므로 말이다. 만약 우리가 항상 고통을 느끼는 것은 아니라면, 그것은 우리가 그것을 사용할 만큼 성장했기 때문이다. 대부분의 사람들은 이와 같은 '삶의 고통'을 경감시키기 위해 그들의 경험 내에서 가장 강렬한 그리고 사실 유일한 쾌락인 신체적 쾌락을 붙잡아 두려고 한다. 정열적이고 성급하고 다혈질적인 사람이나 신경질적이고 예민한 사람이나 모두 강렬한 신체적 쾌락에서 위안을 구하는 경향이 있다.

그러나 고통을 포함하지 않고 과도를 허용하지 않는 쾌락 즉 혼합적이지 않고 순수한 쾌락이 있다. 그것들은 '본성상 유쾌한 것들'이다. 그 반면에 치유적인 신체적 쾌락들은 '우연적으로 유쾌한 것들'에서 느껴진 쾌락들이다. 이러한 쾌락들의 대상은 정상적이고 건강한 신체의 활동을 자극하는 것이 아니라 오로지 병든 유기체의 활동을 자극할 뿐이다. 만약 우리의 본성이 건강하게 기능하고 있고 따라서 '본성상 유쾌한 것들'을 즐기고 있다면, 왜 이러한 순환이 언젠가는 깨트려지는가? 왜 우리는 동일한 활동에서 쾌락발견을 계속하지 않는가? 신은 그렇게 하는데 말이다. 그 이유는 우리의 본성이 단일하거나 단순한 것이 아니라 복합적이기 때문이다. 그리고 기껏해야 서로 어긋나는 요소들의 일시적이고 불완전한 균형을 이루어 낼 수 있을 뿐이기 때문이다.

3. 『니코마코스 윤리학』 제10권에서 아리스토텔레스는 쾌락에 관한 자기 자신의 견해를 다음과 같이 제시하고 있다.

첫째, 쾌락은 완결적인 것이다. 아리스토텔레스는 쾌락이 완결적인 것임을 증명하기 위하여 쾌락을 시각(視覺)에 비유하여 다음과 같이 논증하고 있다. "무엇을 본다는 것은 어느 순간에나 완결되어 있는 것이다. 왜냐하면 본다는 것에는 나중에 생성하여 그 형상(形相, eidos)을 완성시킬 무엇이 결여되어 있지 않기 때문이다. 쾌락도 이러한 성질을 지니고 있다. 즉 쾌락도 어느 순간에나 완결되어 있는 것이다. 왜냐하면 쾌락 이란 하나의 전체요, 또 어느 때를 막론하고 어떤 쾌락이 좀 더 오래 계속된다고 해서 그 형상이 완성되는 법은 없기 때문 이다." 이 논증에서 '시각이나 쾌락의 형상은 어느 때이든 완 결되어 있다'는 말의 의미는 무엇인가? 건축의 예를 들어 보 자. 건축은 그것이 목표 삼는 것(집)이 이루어졌을 때에 비로 소 건축의 과정이 끝나게 되고 '건축'의 형상이 완성된다. 이 에 반하여 시각이나 쾌락은 하나의 전체 즉 부분들로 나누어 질 수 없는 것이며, 따로 목표 삼는 것이 없다. 따라서 시각이 나 쾌락은 그것들이 존재하게 되는 순간 이미 형상이 완성되 어 있다.

둘째, 쾌락은 운동이 아니다. 아리스토텔레스는 쾌락이 운 동이라는 것을 부정하기 위하여 다음과 같이 논증하고 있다. "쾌락은 운동(kinesis)이 아니다. 왜냐하면 모든 운동에는 시간 이 포함되어 있을 뿐만 아니라 또한 모든 운동은 어떤 목적을 향해 있으며, 또 목적이 성취되었을 때 완결되는 것이기 때문 이다. 달리 말해서 운동은 소요된 전체 시간에서 완결되거나 목적이 성취되는 순간에 완결된다." 시간과 더불어 목적을 향 해 있다는 것과 목적에 도달하는 데는 시간이 걸린다는 것이 운동의 본질이다. 그렇다면 어떤 운동도 어느 한 순간이나 매

순간에 완결되어 있지 않다. 운동이 완결되는 것은 목적이 실현된 순간이거나 즉 운동 그 자체가 끝났을 때이거나 운동의 전 과정이 함께 취해졌을 때일 뿐이다. 그러므로 "어떤 운동이든 그 부분들이 차지하는 시간 동안에는 완결되어 있지 않으며, 각 부분은 그 형상이 전체운동과 다를 뿐만 아니라 부분들 서로 간에도 다르다." 다시 건축의 예를 들어 보자. 주춧돌을 만드는 것과 기둥의 돌을 쌓아 올리는 것은 그 형상이 서로 다르며 운동 중의 어느 때를 막론하고 그것들의 형상이 완결되어 있다는 것은 불가능한 일이다. 아리스토텔레스에 의하면, 이것은 다른 모든 운동에 있어서도 마찬가지이다. 운동의 형상과는 달리 쾌락의 형상은 어느 때이든 완결되어 있다. 이것이 의미하는 것은 쾌락이 시간적으로 지속하지 않는다는 것이 아니라, 시간적으로 지속하는 동안 변화하지 않는다는 것이다. 따라서 쾌락에는 역사가 없다. 또 "운동한다는 것은 시간을 떠나서는 불가능하지만 쾌락에 있어서는 이런 일이 가능하다. 왜냐하면 한 순간에 일어나는 것은 하나의 전체이기 때문이다." 이처럼 아리스토텔레스는 쾌락과 운동이 서로 다른 것이라고 주장하고 있다.

셋째, 쾌락은 활동을 완전하게 하는 것이다. 쾌락은 '무엇을 보는 것'(시각)과 마찬가지로 어느 때이든 완결되어 있으며, 이 때문에 어떤 목적을 향해 나아가는 운동과 구별된다. 아리스토텔레스에 의하면, 어느 때이든 그 형상이 완결되어 있는 것은 하나의 활동(energeia)이다. 따라서 쾌락은 하나의 활동이다. 여기에서 아리스토텔레스는 쾌락이 활동과 동일하다고 주장하고 있는 것이 아니라, 양자가 서로 구별될 수는 있으나 분리될 수는 없다는 점을 강조하고 있다. 그렇다면 쾌락과 활동의 관계는 무엇인가? 아리스토텔레스는 그것을 다음과 같이 논증하고 있다. "쾌락은 활동을 완전하게 한다. 그러나 쾌락은 좋은 상태에 있는 지각과 가장 좋은 대상의 결합이 지각활동을 완전하게 하는 것과 똑같은 방식으로 그렇게 하는 것은 아니다. 이것은 마치 건강과 의사가 똑같은 의미에서 건강한 상태의 원인이 아닌 것과 마찬가지이다. …… 쾌락이 활동을 완전하게 하는 것은 활동의 주체에 내재하는 상태가 그렇게 하는 것과 다르다. 오히려 쾌락은 육체적 전성기가 청춘의 우아함을 낳게 하는 방식과 같은 방식으로 활동을 완전하게 한다." 이 논증에서 아리스토텔레스는 운동인과 형상인의 구별에 의하여 '쾌락이 활동을 완전하게 한다.'는 말의 의미를 설명하고 있다. 지각과 대상의 결합은 지각활동을 완전하게 하기 위한 운동인(運動因)이요, 의사도 건강을 낳게 하기 위한 운동인이다. 여기에 반하여 건강은 건강한 상태를 낳게 하기 위한 형상인(形相因)이요, 육체적 전성기도 청춘의 우아함을 낳게 하기 위한 형상인이다. 쾌락은 활동을 완전하게 하기 위한 형상인이라는 것이 아리스토텔레스의 생각이다. 이처럼 쾌락이 활동을 완전하게 하는 것이라면, 쾌락은 삶으로부터 분

리될 수 없다. 왜냐하면 산다는 것은 활동이요, 쾌락은 삶을
완전하게 하기 때문이다.

넷째, 쾌락의 가치는 활동의 유형에 따라 다르다. 인간의
활동에는 지각활동과 사유활동과 관조활동이 있다. 그리고 이
것들에는 각각 그 대상이 있다. 지각이나 사유나 관조 그 자
체의 등급이 높고 그 대상이 가치 있는 것일 때, 지각활동이
나 사유활동이나 관조활동은 그만큼 더 완전해지며 가치 있
는 쾌락을 수반한다. 지각의 등급이 높고 그 대상이 가치 있
는 것일수록 그 활동도 그 만큼 더 즐겁고 완전하다. 그리고
지각활동과 사유활동이 서로 다른 종류의 활동이듯이, 지각활
동으로부터 오는 쾌락과 사유활동으로부터 오는 쾌락은 서로
다른 종류의 쾌락이다. 이처럼 모든 활동에는 그것 자신의
'고유한' 쾌락이 수반되며, 활동에 고유한 쾌락은 그 활동을
촉진시킨다. 그 반면에 활동에 고유하지 않은 쾌락은 그 활동
을 방해한다. 그래서 우리는 극장에서 배우들의 연기가 빈약
할 때 군것질을 한다. 쾌락의 가치는 그 쾌락이 수반되는 활
동의 가치에 의존한다. 욕망이나 욕구조차도 활동에 따라 좋
을 수도 있고 나쁠 수도 있으며 가치 있을 수도 있고 가치 없
을 수도 있다. 그것의 좋고 나쁨은 활동에 달려 있다. 이것은
쾌락에 대해서는 한층 더 참이다. 왜냐하면 쾌락은 불가분리
적으로 활동과 결부되어 있어서 쾌락과 활동이 동일한 것인
지 아닌지는 논란의 여지가 있다. 그것들은 분리될 수는 없지

만, 동일한 것은 아니다. 왜냐하면 사유의 쾌락이나 지각의 쾌락은 사유나 지각 그 자체가 아니기 때문이다. 우리는 쾌락이 좋은 것인가 나쁜 것인가라는 추상적이고 공허한 물음을 제기해서는 안 된다. 진정한 물음은 언제나 구체적인 어떤 쾌락이 얼마나 좋은가 혹은 나쁜가라는 물음이다. 그리고 아리스토텔레스는 다음과 같이 지적한다. 다양한 활동이 가치의 크기에 따라 차등적으로 삶의 본질적인 구성요소가 되는 것과 마찬가지로, 활동과 결부되어 있는 쾌락에도 가치의 크기가 있다. 예를 들어 시각은 촉각보다도 더 순수한 활동이며, 청각과 취각은 미각보다도 더 순순한 활동이며, 사유는 어떤 형식의 감각보다도 더 순수한 활동이다. 모든 종류의 존재자가 그것에 고유한 기능(ergon)과 활동(energeia)을 가지고 있듯이, 모든 종류의 존재자에는 쾌락이 있다. 그렇다면 인간에게 고유한 쾌락은 무엇인가? 이 문제는 어려운 문제이다. 왜냐하면 인간과 인간 간에는 큰 차이가 있기 때문이다. 그러나 감각의 문제에서처럼 여기에서의 표준은 건강하거나 정상적으로 성장한 인간이다. 인간적인 쾌락은 최선의 인간본성 혹은 전형적으로 성장한 인간본성이 즐기는 쾌락이다. 그리고 만약 그런 활동들에 싫증을 내는 사람들이 많이 있다고 하더라도 우리는 당황해서는 안 된다. 인간본성이 왜곡되고 타락한 경우들이 많이 있기 때문이다. 타락한 인간본성이 즐기는 쾌락들을 배제하고 나면, 그와는 다른 선한 인간본성이 즐기는 쾌락들을 우리는 어떻게 서열지어야 하는가? 훌륭한 삶을 이루고 있는 활동들의 상대적 가치에 따라 서열지어야 하는 것이 분명하다.

4. 우리를 유혹하는 말 중에 '쾌락'이라는 말이 있다. 대부분의 사람들은 '쾌락'이라는 말을 들으면 육체적 쾌락을 떠올리고 그 중에서도 성적(性的) 쾌락을 떠올린다. 육체적 쾌락이라는 말은 우리의 신체가 어떤 자극을 받고 그 결과로서 주어지는 유쾌한 느낌을 의미한다. 그래서 사람들은 유쾌한 느낌을 즐기기 위하여 마약도 투여하고 술도 마시고 섹스도 한다. 물론 이 유쾌한 느낌은 심리적 현상 중의 하나이다. 육체적 쾌락이라는 말과 대비되는 말로 정신적 쾌락이라는 말이 있다. 정신적 쾌락이란 정신적 활동의 결과로서 우리에게 주어지는 유쾌한 느낌을 의미한다. 음악을 감상하거나 책을 읽거나 도덕적인 행위를 한 결과 우리에게 주어지는 유쾌한 느낌은 모두 정신적 쾌락이라고 할 수 있을 것이다. 육체적 쾌락이 감각적이고 순간적인데 반하여 정신적 쾌락은 안정적이고 지속적인 특징을 가지고 있다. 그리고 금욕생활이나 수도생활을 할 때처럼 육체적으로는 고통스럽더라도 정신적으로 유쾌한 느낌을 가질 수 있는데, 이런 느낌도 정신적 쾌락의 범주에 들어갈 수 있다. 철학의 역사에서는 육체적 쾌락이든 정신적 쾌락이든 모든 쾌락을 육체적 정신적 활동의 결과로서 주

어지는 유쾌한 감각 내지 느낌으로 간주하는 경우가 자주 있었다. 이처럼 모든 쾌락을 육체적 정신적 활동의 결과로서 주어지는 유쾌한 감각 내지 느낌이라고 보는 입장은 상식과도 잘 들어맞는 입장인데, 철학에서는 이러한 입장을 심리적 쾌락주의라고 한다. 심리적 쾌락주의자들은 육체적 쾌락이든 정신적 쾌락이든 쾌락을 추구하는 것은 인간의 근본적인 욕구이므로 쾌락이 인간의 삶의 목표라고 주장한다. 물론 쾌락이 삶의 목표라고 해서 쾌락을 과도하게 추구하는 것을 허용하는 것은 아니다. 왜냐하면 육체적 쾌락이든 정신적 쾌락이든 쾌락을 지나치게 추구하다보면 쾌락이 오히려 고통으로 바뀌기 때문이다. 이것을 '쾌락의 역설'이라고 한다. 고대 그리스에는 심리적 쾌락주의를 대표하는 두 개의 학파가 있었는데, 퀴레네학파와 에피쿠로스학파가 그것들이다. 퀴레네학파의 창시자는 소크라테스의 친구이자 제자였던 아리스티포스였는데, 퀴레네학파는 육체적 쾌락과 정신적 쾌락을 모두 인정하였다. 그 반면에 아리스토텔레스보다 43세 연하였던 에피쿠로스가 창시한 에피쿠로스학파는 육체적 쾌락보다는 정신적 쾌락을 더 강조하였다. 에피쿠로스학파가 사라진 후 서양에서는 심리적 쾌락주의가 약 2천 년 동안 아무런 발전을 하지 못하다가 18세기 영국의 공리주의 철학자들에 의하여 다시 부활했다. 공리주의 철학자 벤담과 밀은 쾌락을 추구하고자 하는 것이 인간의 근본욕구라는 원리로부터 도덕적인 원리를 이끌어 낸다. 다시 말해서 쾌락을 추구하려는 개인의 행위가 결과적으로 관계자 전체의 쾌락을 극대화하면 도덕적인 행위가 된다는 것이다. 이런 의미에서 벤담과 밀은 고대의 쾌락주의를 아주 세련된 형태로 윤리학에 적용시킨 사람들이라고 볼 수 있다.

다른 한편으로 철학의 역사에서는 심리적 쾌락주의에 반대하는 사람들도 있었다. 이들에 의하면, 심리적 쾌락주의자들이 '쾌락'이라고 부르는 것은 인간의 삶을 이끌어 가는 목적이 아니라 육체적 정신적 활동에 수반되는 하나의 부산물에 불과하다. 그 대표자가 바로 아리스토텔레스이다. 아리스토텔레스에 의하면, 육체적 정신적 활동 그 자체가 삶의 목적이지 육체적 정신적 활동에 수반되는 유쾌한 느낌이 삶의 목적일 수는 없다. 그리고 육체적 정신적 활동에는 언제나 유쾌한 느낌이 수반될 수 있지만, 이 느낌을 쾌락이라고 불러서는 안 되고 다만 육체적 정신적 활동 그 자체와는 구별되는 그 무엇이라고 해야 한다는 것이 아리스토텔레스의 생각이다. 다시 말해서 심리적 쾌락주의자들은 육체적 정신적 활동의 결과로서 나타나는 유쾌한 심리적 상태가 곧 쾌락이라고 생각하지만, 아리스토텔레스는 육체적 정신적 활동 그 자체 혹은 그러한 활동의 과정이 곧 쾌락이라고 생각한다. 아리스토텔레스에 의하면, 육체적 정신적 활동 그 자체 혹은 그러한 활동의 과정을 쾌락으로 보아야 하며 그러한 쾌락을 즐긴다는 것은 활동의 결과로서 주어지는 유쾌한 느낌을 즐기는 것과 전혀 다르다. 왜냐하면 육체적 정신적 활동 그 자체 혹은 그러한 활동의 과정은 때때로 유쾌하기는커녕 힘들고 고통스러울 수도 있기 때문이다. 그럼에도 불구하고 힘들고 고통스러운 과정을 즐기는 것이야말로 진정한 의미의 쾌락이라는 것이다. 그 반면에 활동의 결과로서 주어지는 유쾌한 느낌만을 즐기는 사람들은 힘들고 고통스러운 과정을 즐기려고 하지 않을 것이다. '인생을 즐겨라!'는 말이 있다. 대부분의 사람들은 이 말을 살아 있는 동안 온갖 종류의 육체적 쾌락을 즐기라는 뜻으로 오해한다. 그러나 이 말은 삶의 결과에 얽매이지 말고 그때그때의 삶 그 자체 혹은 삶의 과정에 충실하고 삶을 사랑하라는 뜻이다. 그렇다고 해서 삶의 결과를 무시하라는 것은 아니다. 삶의 결과보다는 삶 그 자체에 삶의 의미를 두는 것이 옳은 생각이라는 뜻이다. 우리는 또 '노동(일)의 즐거움'이라는 말을 자주 사용하는데, 이 말의 의미도 아리스토텔레스가 쾌락을 설명하면서 염두에 두고 있는 것과 정확하게 일치한다. 왜냐하면 육체적 노동이든 정신적 노동이든 '노동의 즐거움'이란 노동의 결과 수반되는 유쾌한 느낌이 아니라, 노동 그 자체 혹은 노동과정의 즐거움을 의미하기 때문이다. 따라서 아리스토텔레스가 말하는 쾌락은 우리말로 '즐거움'이라고 표현하는 것이 더 나을 것이다. 왜냐하면 '인생의 즐거움'이나 '일의 즐거움'이라는 표현은 우리말 어법상 자연스럽지만, '인생의 쾌락'이나 '일의 쾌락'이라는 표현은 너무나 어색하기 때문이다. 아리스토텔레스의 관점에서 보면, 무절제한 사람은 먹고 마시는 활동에 탐닉할 때 먹고 마시는 활동 그 자체를 즐기고 있는 것이 아니라 그러한 활동에 수반되는 유쾌한 느낌을 즐기고 있다. 예를 들어 알코올중독자나 섹스중독자는 음주나 섹스를 즐기는 것이 아니라 만취상태에서의 몽롱함이나 성적 관계를 통한 황홀함을 즐길 뿐이다. 다시 말해서 그런 사람들은 음주를 매개로하여 즐거운 대화를 나누거나 섹스를 통하여 사랑하는 사람과 인격적으로 교류하고 서로 사회적 책임을 약속하는 활동을 즐기지 않는다. 이처럼 육체적 정신적 활동의 결과로서 주어지는 유쾌한 느낌이 아니라 활동 그 자체 혹은 활동의 과정이 진정한 의미의 쾌락이라는 아리스토텔레스의 쾌락설은 철학적으로 매우 유명한 학설이다. 우리 모두 쾌락의 진정한 의미를 다시 한 번 되새겨 볼 필요가 있다.

고귀함

1. 아리스토텔레스는 자기의 저서 『니코마코스 윤리학』에서 도덕적인 사람은 '고귀함을 위하여' 행동한다는 주장을 여러 번 되풀이하고 있다. 즉 도덕적인 사람의 행동의 동기는 '고귀함'(to kalon)에 있다는 것이다. 그 반면에 도덕적이지 못한 사람은 고귀함과는 다른 동기에서 행동한다. 예를 들어 아리스토텔레스는 거짓말쟁이에 대하여 다음과 같이 분석하고 있다. 거짓말쟁이가 거짓말을 하게 되는 이유는 거짓말하는 것 자체를 좋아하기 때문이거나 명예 혹은 부(富)를 얻기 위해서이다. 거짓말하는 것 자체를 좋아하기 때문에 거짓말하는 사람은 비난받아 마땅한 인간이지만, 엄밀한 의미에서 나쁜 사람이라기보다는 쓸모없는 인간이다. 그 반면에 명예를 얻기 위해서 거짓말하는 사람은 나쁜 사람이라고 비난받는다. 이런 사람보다 더욱 더 비난을 많이 받는 사람은 부를 얻기 위해서

거짓말하는 사람인데, 이런 사람은 추악한 인간으로 평가받는다. 그렇다면 거짓말하는 것 자체를 좋아하거나 명예 혹은 부를 얻기 위해서 거짓말을 할 때에, 왜 비난받게 되는가? 그리고 고귀하게 행동하는 사람은 왜 칭찬받는가?

2. 『니코마코스 윤리학』 제9권 제8장에서 아리스토텔레스는 우리가 우선적으로 우리 자신을 사랑해야 할 것인가 혹은 우리의 이웃, 즉 타인을 사랑해야 할 것인가의 문제를 다루고 있다. 아리스토텔레스는 우리가 타인을 사랑해야 한다는 견해를 먼저 제시하고, 그 다음에 정반대의 견해를 제시한다. 아리스토텔레스는 두 견해 모두 진리의 일부분을 포함하고 있다는 관점에서 각 견해의 타당성을 검토하고 있다. 타인을 사랑해야 한다는 취지의 견해는 다음과 같이 요약될 수 있다. 도덕적으로 나쁜 사람이 되는 이유는 모든 것을 자기 자신을 위해서 행하기 때문이며, 도덕적으로 좋은 사람이 되는 이유는 모든 것을 고귀함과 타인을 위해서 그리고 자기 자신의 이익을 희생시키면서 행하기 때문이다. 우리는 도덕적으로 좋은 사람이 되어야 한다. 따라서 우리는 우선적으로 타인을 사랑해야 한다. 즉 자애자(自愛者)가 되어서는 안 된다. 다음으로 우리가 우선적으로 우리 자신을 사랑해야 한다는 취지의 견해는 다음과 같이 요약될 수 있다. 사람은 모름지기 자기의 가장 좋은 친구를 가장 많이 사랑해야 한다. 우리는 우리 자신

의 가장 좋은 친구이다. 따라서 우리는 우리 자신을 가장 사랑하지 않으면 안 된다. 다시 말해서 우리는 자애자가 되어야 한다.

이리하여 우리는 일종의 딜레마에 빠지게 된다. 왜냐하면 도덕적으로 좋은 사람이 되기 위하여 우리는 한편으로 자애자가 되어서는 안 되지만 다른 한편으로 인간으로서의 의무를 다하기 위하여 자애자가 되어야 하기 때문이다. 아리스토텔레스는 '자애적'(philautos)이라는 말을 분석함으로써 이 딜레마로부터 벗어나고자 한다.

아리스토텔레스는 일상적인 의미에 있어서의 자애자와 진정한 의미에 있어서의 자애자를 비교한다. 아리스토텔레스는 후자가 참된 의미에 있어서의 자애자라고 주장하지만, 이것이 '자애적'이라는 말의 정상적인 용법은 아님을 인정한다. 정상적으로 볼 때 자애적으로 된다는 것은 경쟁의 대상이 되어 있는 것을 자기의 몫보다 더 많이 소유한다는 의미에서 이기적으로 되는 것을 의미한다. 그러나 진정한 의미에 있어서의 자애자는 그런 의미에서 이기적인 것이 아니다. 왜냐하면 그의 덕행(德行)의 결과는 경쟁의 대상이 되어 있는 것을 자기의 몫보다 더 많이 자기 자신에게 할당하는 것이 아니라 오히려 고귀함을 확보하는 것이기 때문이다. 이처럼 아리스토텔레스는 '자애적'이라는 말이 근본적으로 상이한 두 유형의 사람에 대하여 어느 정도의 정당성을 가지고서 사용될 수 있음을 논증하고 있다. 한 유형의 자애자는 정상적으로 그리고 올바르게 비난받는데 반하여, 다른 유형의 자애자는 비난받지도 않고 비난받아서도 안 된다. 그렇다면 그 이유는 무엇일까? 아리스토텔레스는 『니코마코스 윤리학』 제9권 제8장에서 다음과 같이 대답하고 있다. "선한 사람은 자애자가 되어야 한다. 왜냐하면 그는 고귀하게 행동함으로써 자기 자신에게 이익을 줌과 동시에 타인에게도 이익을 줄 것이기 때문이다. 그 반면에 나쁜 사람은 자애자가 되어서는 안 된다. 왜냐하면 그는 자기의 나쁜 정염들을 따름으로써 자기 자신을 해롭게 할 것이며 또한 자기의 이웃도 해롭게 할 것이기 때문이다."

여기에서 아리스토텔레스가 도덕적으로 나쁜 사람과 좋은 사람을 대조하고 있는 방식을 살펴보면, 우리는 다음과 같은 사실을 알 수 있다. 도덕적으로 좋은 사람의 고귀한 행동은 다른 사람들에게 이익을 준다. 왜냐하면 내가 고귀하게 행동할 때 나는 경쟁의 대상이 되어 있는 것을 나의 몫 이상으로 가지려고 하는 것이 아니라 다른 사람들에게 그들의 몫을 주기 때문이다. 이런 의미에서 우리는 고귀하게 행동함으로써 다른 사람들에게 이익을 준다. 그러나 나는 왜 다른 사람들에게 이익을 주어야 하는가? 아리스토텔레스 자신은 이 물음을 제기하지 않는다. 오히려 아리스토텔레스는 우리가 다른 사람들에게 이익을 주기 위하여 유덕하게 되어야 하고 고귀하게 행동해야 한다는 것을 당연시하는 것 같다. 그러나 왜 고귀하게 행동해야 하며, 왜 다른 사람들에게 이익을 주어야 하는가 라는 물음은 대답되어야 할 물음이다. 이 물음에 대답하기 전에, 우리는 '어떤 의미에서' 고귀한 행동으로부터 우리 자신이 이익을 얻는가라는 물음을 먼저 살펴보기로 하자. 아리스토텔레스는 『니코마코스 윤리학』 제9권 제8장에서 다음과 같이 말하고 있다. "나쁜 사람의 경우에 있어서는 그가 해야 할 것과 그가 실제로 하는 것 사이에 불일치가 있는 반면에 선한 사람은 정확하게 그가 해야 하는 것을 한다. 왜냐하면 이성(nous)은 도처에서 이성 자신을 위해서 가장 좋은 것을 선택하며 선한 사람은 그의 이성을 따르기 때문이다."

이 논증으로부터 우리는 다음과 같이 추론해 볼 수 있다. 자기의 이성을 따르는 사람은 누구나 자기가 마땅히 해야 하는 것 즉 자기 자신을 위해서 가장 좋은 것을 정확하게 선택한다. 다시 말해서 선한 사람(자기의 이성을 따르는 사람)은 고귀하게 행동함으로써 자기의 최고선, 즉 행복(eudaimonia)을 성취한다. 그렇다면 그는 바로 이런 의미에서 자기 자신에게 이익을 준다. 이것은 분명히 경쟁의 대상이 되어 있는 것을 공정하게 나누어 가진다는 의미에서 이익을 얻는 것이 아님을 의미한다. 이것은 또 선한 사람이 고귀하게 행동할 때 자기가 마땅히 해야 하는 것을 하고 있다는 사실로부터 모종의 쾌락을 얻는다는 의미에서 이익을 얻는 것도 아님을 의미한다. 선한 사람은 이성이 그에게 그를 위한 선(행복)을 성취할 수 있도록 해주는 것을 행한다는 의미에서 이익을 얻는다. 그렇다면 왜 이성은 고귀하게 행동하는 것이 우리의 행복을 성취하는 것이라고 말해 주는가? 왜 우리는 고귀하게 행동해야 하는가?

3. 앞에서 살펴보았듯이, 아리스토텔레스는 사회적 통념 (endoxa)에 근거해서 육체적 쾌락, 명예, 돈 등과 같은 '자연적 선들'을 다른 사람보다 더 많이 차지하는 사람을 나쁜 사람이라고 말하고 있다. 『에우데모스 윤리학』에서 아리스토텔레스는 자연적 선들을 다음과 같은 방식으로 묘사하고 있다. 첫째, 자연적 선들은 그 자체적으로 선택할만한 가치가 있는 것들이긴 하지만 칭찬받음이 없다. 왜냐하면 그 자체적으로 선택할만한 가치가 있음과 동시에 칭찬할만한 가치가 있는 것들은 바로 여러 가지의 품성적 덕과 그 덕들로부터 비롯하는 행동뿐이기 때문이다. 둘째, 자연적 선들은 경쟁의 대상이 되는 것들이다. 셋째, 자연적 선들은 모든 인간존재가 다소간에 기본적으로 욕구하는 대상들이다. 넷째, 자연적 선들은 인간존재가 마음대로 할 수 있는 것들이 아니다.

이제 우리는 이와 같이 묘사된 자연적 선들을 분배하는 것에 고귀한 행동이 존립한다고 가정해 보자. 그렇다면 자연적 선들은 어떤 방식으로 분배되어야 할까? 앞에서 살펴본 바와 같이 고귀한 행동에 우리의 행복이 존립하고 있다는 것을 말해주는 것은 이성이기 때문에, 자연적 선들을 어떤 방식으로 분배하는 행동이 고귀한 행동인지를 말해주는 것도 역시 이성이어야 한다. 그렇다면 자연적 선들을 분배함에 있어서 이성이 말해주는 것은 무엇인가?

우선 이성은 자연적 선들이 인간존재를 '위한' 선들이라는 것과 개인으로서의 자기 이외에도 많은 인간존재들이 있다는 것을 통찰할 것이다. 왜냐하면 이성은 보편적이고 비개인적이기 때문이다. 이성의 이와 같은 통찰에 의하면, 우리가 자연적 선들에 대한 욕구를 본성적으로 가지고 있다는 사실만으로는 자연적 선들의 일정한 몫을 차지할 자격이 있다는 요구를 정당화할 수 없다. 왜냐하면 이런 저런 방식으로 분배되어질 자연적 선들에 의해서 촉발될 모든 사람들의 욕구는 똑같은 정도로 강할 것이기 때문이다. 그렇다고 해서 고귀한 행동을 위해서는 '자기 자신'의 욕구를 무시하라고 이성이 말해주는 것도 아니다. 오히려 이성은 모든 인간존재로 하여금 각자가 '다른 사람들과 더불어 있는 한 사람', 즉 사회적 존재임을 말해 준다. 이와 같은 이성의 명령에 따를 때 각자는 자연적 선을 자기 자신의 몫보다 더 많이 나누어 가지는 것이 아니라 정확히 자기의 몫을 나누어 가질 것이다. 자연적 선들을 나누어 가짐에 있어서의 중요한 관계는 자기 자신과 다른 사람들 간의 대립적인 관계가 아니라, 자기 자신과 '다른 사람들과 더불어 있는 한 사람으로서의 자기 자신' 간의 관계이다. 자연적 선들을 분배함에 있어서 이성이 말해주는 것은, 애초에 모든 인간존재는 똑같은 욕구를 가진다는 것이다. 만약 어떤 행동이 이와 같은 이성의 명령에 따라서 행해진다면 즉 자연적 선들을 나누어 가짐에 있어서 자기 자신의 욕구가 다른 인간존재의 욕구보다 전혀 더 강하지 않다는 이성적 통찰에 따라서 어떤 행동이 행해진다면, 그 행동은 '고귀함을 위해서' 행해진 행동이며 따라서 고귀한 행동이다.

4. 그러나 만약 이성이 자연적 선들을 관련된 모든 사람들 간에 똑같이 분배되어야 한다고 처방하지 않는다면, 무엇이 자연적 선들을 합리적으로 분배하기 위한 기준이 될 것인가? 아리스토텔레스에 의하면, 자연적 선들은 '본성상' 인간존재를 위하여 좋은 것이지만 '현실적으로는' 모든 인간존재를 위해서 좋은 것이 아니다. 도덕적으로 나쁜 사람은 자연적 선들에 의해서 손해를 볼 수도 있다. 자연적 선들을 자기의 이익이 되도록 할 수 있는 사람은 선한 사람이다. 따라서 자연적 선들에 대한 권리를 가지고 있는 사람도 선한 사람이다. 다시 말해서 선한 사람은 무엇이거나 간에 그가 획득하는 자연적 선들을 자기가 이미 소유하고 있는 다른 자연적 선을 손상시키지 않을 방식으로 사용할 것이다. 즉 그는 자연적 선들을 자기에게 이익이 되도록 사용할 수 있을 것이다. 이와는 대조적으로 나쁜 사람은 자기의 부도덕한 욕구들을 만족시킬 수 있게 될 때 이미 그가 가지고 있는 자연적 선들을 손상시킬 것

이다. 예를 들어 자기의 욕구를 만족시킬 수 있게 되는 방탕자는 자기의 건강을 해칠지도 모르며 심지어 죽을 수도 있다. 따라서 선한 사람이 도덕적으로 나쁜 사람보다도 자연적 선들에 대하여 더 큰 권리를 가져야 하는 것은 당연한 귀결이다.

아리스토텔레스의 이와 같은 논의로부터 우리는 자연적 선들을 합리적으로 분배하기 위하여 이성에 의하여 채택되는 기준을 마련할 수 있다. 그 기준은 행동으로부터 결과할 것인바, 하나의 공동체 안에서 자연적 선들에 대한 욕구를 '가능한 한 최대로 만족시켜라'는 기준이다. 이 기준에 의하면 선한 사람은 나쁜 사람보다도 자연적 선들에 대하여 더 큰 권리를 가진다. 왜냐하면 전자가 후자보다 자연적 선들을 더 많이 획득했을 때가 전체적인 욕구의 만족이 클 것이기 때문이다. 그러나 비록 이성이 자연적 선들의 큰 몫을 선한 사람에게 할당한다고 하더라도 그 사람만을 위해서 그렇게 하지는 않을 것이다. 왜냐하면 이성은 그 본성상 보편적이며 비개인적이기 때문이다. 오히려 이성은 선한 사람에게 자연적 선들의 보다 더 큰 몫을 할당함으로써 모든 인간존재가 가지는 본성적 욕구를 가능한 한 최대로 만족시키는 일이 인간의 공동체를 위해서 결과할 것이기 때문에 그렇게 할 것이다.

5. 방금 살펴본 바와 같이 자연적 선을 분배함에 있어서 이성은 두 개의 원리를 따른다고 해석될 수 있다. 우선 이성은

이런 저런 방식으로 분배되어질 자연적 선들에 대하여 그 누구든 간에 다른 사람보다 더 많이 차지할 합법적인 근거가 전혀 없다는 원리를 따른다. 다음으로 이성은 자연적 선들을 나누어 가지는 궁극적인 목표가 전체로서의 인간의 공동체 안에서 욕구를 최대로 만족시키는 것이라는 원리를 따른다. 우리는 첫 번째 원리를 '고귀함의 원리', 두 번째 원리를 '공리성의 원리'라고 부를 수 있을 것이다. 그렇다면 이성이 따르는 이 두 원리에 기초하여 앞에서 우리가 제기했던 물음, 즉 왜 이성은 고귀하게 행동하는 것 즉 타인을 위해서 행동하는 것이 우리의 행복을 성취하는 것이라고 말해 주는가에 대해서 우리는 다음과 같이 대답할 수 있을 것이다.

우리는 공동체에 이익을 주기 위해서 고귀하게 행동해야 한다. 고귀하게 행동하는 것은 우리 자신의 행복을 성취하는 것과 같다. 그러나 고귀하게 행동함으로써 우리 자신의 행복을 성취하는 이유는, 우리 자신을 위한 최선의 상태가 공동체를 위한 최선의 상태와 동일하기 때문이다. 따라서 고귀한 행동의 선함의 근거, 즉 도덕성의 근거는 고귀한 행동으로부터 자연적 선들에 대한 인간존재들의 욕구가 최대로 만족될 수 있다는 것이다. 왜냐하면 이성은 자연적 선들의 소유와 관련하여 어떤 개인도 다른 사람보다 더 강한 욕구를 가질 수 없음을 통찰하기 때문이다. 즉 자연적 선들의 소유와 관련하여 각 개인은 바로 다른 사람들과 더불어 있는 한 사람이기 때문이다. 이런 의미에서 자기의 조국을 위해서 목숨을 바치는 행동도 정당화될 수 있다. 왜냐하면 이런 사람은 자기 자신을 다른 사람과 더불어 있는 한 사람으로서 간주하며 따라서 그는 자기의 생명인 바의 자연적 선에 특별한 가치를 부여하지 않는다. 그가 행하는 것은 공동체, 즉 자기의 조국을 위해서 자기가 제공할 수 있는 선의 가치를 척도로 해서 자기의 자연적 선인 생명을 보존하는 것의 가치를 재는 것이다. 그러므로 그는 자기 자신의 목숨을 바치는 경우가 있더라도 보다 더 큰 선에 대한 이성적 통찰에 따라서 행동하기를 선택할 것이다. 이처럼 만약 모든 사람이 고귀하게 행동하고자 노력한다면, 모든 것이 공동체 속에서 존재해야 하는 대로 존재할 것이며 동시에 각 개인은 자연적 선들 중에서 최대의 것을 가지게 될 것이다.

6. 아리스토텔레스는 『에우데모스 윤리학』 제8권 제3장에서 '단순히 선한 사람'과 '고귀하면서 선한 사람'을 구별하고 있다. 이 구별에 앞서 아리스토텔레스는 그 자체적으로 선택할만한 선들을 두 가지로 구분한다. 하나는 칭찬할만한 가치가 있는 선들이고 다른 하나는 그렇지 않은 선들이다. 가령 건강은 후자에 속하는 선이다. 그 다음에 아리스토텔레스는 이 구분을 단순히 선한 사람과 고귀하면서 선한 사람을 정의하기 위하여 사용한다. 전자는 나쁜 사람과 대조해 볼 때, 그

자체적으로 선택할만한 선들을 소유하게 됨으로써 이익을 얻게 되지만 칭찬받음이 없다. 그 반면에 후자는 칭찬할만한 가치가 있는 선들을 가치 있는 것으로서 평가하는 사람이다. 단순히 선한 사람이 가지는 행동의 동기는 자연적 선들의 좋음 즉 유용성에 있는 반면에 고귀하면서 선한 사람이 가지는 행동의 동기는 자기 자신을 위해서 가능한 한 자연적 선들을 많이 얻고자 하는 것이 아니라 유용성과 고귀함의 두 원리를 일치시키는 것이다. 이처럼 고귀하면서 선한 사람이 가지는 행동의 동기는 그가 고귀한 행동을 수행함으로써 자연적 선들을 소유하는 방식으로 자기 자신에게 유용한 것만을 얻는 것이 아니기 때문에, 결과적으로 그의 행동으로부터 유용한 것을 얻지 못할 상황(예를 들면 자기의 조국을 위해서 목숨을 바치고자 할 때)에서조차도 고귀하게 행동하고자 할 것이다.

고귀하면서 선한 사람의 행동에 포함되어 있는 고귀함의 원리는 아리스토텔레스에 있어서 품성적 덕 일반의 근거가 되는 원리이기도 한다. 왜냐하면 도덕적인 사람은 '고귀함을 위하여' 행동하는 사람이기 때문이다. 이제 우리는 아리스토텔레스가 제시하고 있는 개별적 덕목들이 고귀함의 원리를 포함하고 있다는 것을 입증하기 위하여 『니코마코스 윤리학』 제5권에서 전개되고 있는 정의(正義)의 덕에 대하여 살펴보기로 하자.

아리스토텔레스에 의하면 정의롭지 못한 사람의 한 유형이 바로 무법한 사람이다. 정의롭다는 것은 무엇이건 간에 법을 준수하는 것이다. 왜냐하면 올바르게 만들어진 법은 공동선을 목표로 하는 것이기 때문이다. 이와 같은 정의개념에 따른다면 공동체를 위한 행복 혹은 행복의 조건을 산출하거나 보존하는 것들은 정의로운 것들이다. 이처럼 법이 공동선 혹은 공동체를 위한 행복을 목표로 한다면, 법을 준수하는 행동과 도덕적인 행동은 일치할 것이다. 사실 아리스토텔레스는 법은 사람들에게 도덕적인 행동들을 수행할 것을 명령한다고 말하고 있다. 이 때 도덕적인 행동들이란 용감한 사람의 행동이나 절제 있는 사람의 행동(가령 간통을 하지 않는 것과 어떤 사람을 성적으로 악용하지 않는 것) 혹은 선한 기질을 소유하고 있는 사람의 행동(가령 남을 구타하지 않는다든가 남에게 악담을 하지 않는 것) 등이다.

7. 지금까지 우리는 도덕적인 사람의 행동의 동기가 고귀함에 있다는 명제로부터 출발하여 고귀함의 의미를 포착하기 위하여 노력해 왔다. 아리스토텔레스에 의하면 고귀한 행동은 타인을 위한 행동임과 동시에 자기 자신을 위한 행동이다. 다시 말해서 선인(善人)의 이기주의는 이타주의와 동일하다. 이런 의미에서 아리스토텔레스는 이타주의와 이기주의의 대립을 파괴하고 있다. 고귀한 행동은 여러 가지의 재물이나 명예나 쾌락 등을 차지함에 있어서 자기의 욕구가 다른 사람의 욕구보다 더 강하지 않다는 이성적 통찰에 따라서 행해지는 행동

이며, 공동체 안에서 욕구가 최대로 만족될 수 있도록 행해지는 행동이다. 그런 행동을 수행하는 가운데 우리는 우리 자신의 최고선인 행복을 성취할 수 있다. 왜냐하면 우리 자신을 위한 최선의 상태는 공동체를 위한 최선의 상태와 동일하기 때문이다. 이런 이유에서 이성적 존재로서의 인간은 고귀하게 행동해야 한다. 아리스토텔레스 자신의 말과 같이, 만약 모든 사람이 고귀하게 행동하고자 한다면 만사는 정치공동체 안에서 존재해야 하는 대로 존재하게 될 것이다. 따라서 고귀한 행동은 정의로운 행동과 같은 것이며, 고귀함은 모든 덕행(德行)의 목적이자 동기가 된다.

비자발성

1. 아리스토텔레스는 자기의 저서 『에우데모스 윤리학』 제2권 제6장에서 모든 원리(arche)는 원인(aitia)이지만 모든 원인이 원리인 것은 아니라고 말하고 있다. 왜냐하면 더 이상의 다른 원인을 가지지 않는 원인만이 원리이기 때문이다. 가령 사각형의 내각의 합이 4직각과 같게 되는 것은 삼각형의 내각의 합이 2직각과 같기 때문인데, 이 때 만약 삼각형이 이러한 속성을 가지게 되는 다른 원인이 없다면 그것은 사각형의 내각의 합이 4직각이 되는 것의 원인임과 동시에 원리가 될 것이다. 이와 마찬가지로 인간의 행동도 인간 이외의 다른 원인을 가지지 않는다면, 인간은 자기의 행동의 원인임과 동시에 원리가 될 것이다. 그러나 인간의 행동은 필연, 자연(본성), 우연, 다른 인간 등에 의해서 야기될 수도 있다. 따라서 인간은 자기의 행동의 원인임과 동시에 원리일 수도 있지만, 자기의 행

동의 원인이기만 하고 원리는 아닐 수도 있다. 우리는 우리가 원인이면서 동시에 원리인 행동에 대해서만 칭찬과 비난을 할 수 있으며, 덕과 악덕도 이러한 행동과 관계가 있다.

이런 관점에서 본다면 인간이 원인이기만 하고 원리는 아닌 행동에 대해서는 칭찬과 비난을 할 수 없다는 것이 명백하며, 이것은 곧 그런 행동에 대해서는 책임을 물을 수 없다는 것을 의미한다. 아리스토텔레스 자신의 표현을 빌자면, 우리는 그런 행동에 대해서 용서를 하기도 하고 동정을 베풀기도 한다. 그렇다면 그런 행동은 구체적으로 어떤 행동인가? 다시 말해서 면책의 조건은 무엇인가? 아리스토텔레스는 『니코마코스 윤리학』 제3권 제1장에서 비자발성(akousion)을 면책의 조건으로 제시하면서 그것을 다시 '강제'와 '무지'라는 두 개의 범주로 나누어서 설명하고 있다.

2. 무엇보다도 먼저 책임을 물을 수 없는 행동은 '강제로' 행한 행동이다. 강제로 행동하게 되는 것이란 행동의 원리가 행위자의 외부에 있는 경우를 말한다. 예를 들어 어떤 아이가 아버지에 의해서 두 손이 잡혀서 빙빙 돌려진다면, 그 아이는 강제를 당하여 움직이고 있는 것이다. 또 신하의 팔꿈치가 누군가에 의해서 떠밀려서 임금님을 때린다면, 신하는 임금님을 본의 아니게 때린 것이다. 그러나 그런 일들이 모두 면책의 사례가 되는 것은 아니다. 왜냐하면 아리스토텔레스는 행동의

원리가 행위자의 외부에 있다 하더라도 행위자가 결과에 전혀 관여하지 않아야 한다는 또 다른 조건을 덧붙이고 있기 때문이다. 만약 아버지가 아이의 부탁을 받았기 때문에 그 아이를 빙빙 돌렸다면 혹은 떠밀린 신하가 떠밀린 정도보다 더 세게 임금님을 후려갈겼다면, 그들은 결과에 관여했다고 말해질 수 있으며 따라서 면책되지 않는다. 행위자가 결과에 관여할 수 있는 또 다른 방식은 저항할 수 있을 때에 저항하지 않거나 어떤 일을 방지하기 위하여 아무 것도 할 수 없지만 그 일이 일어날 때에 기뻐하는 경우이다. 이런 경우에도 행위자는 결과에 관여했다고 말해질 수 있으며 따라서 면책되지 않는다. 마찬가지로 비록 강한 바람에 의하여 움직여지긴 했지만 자기가 원했던 지점에 운반된 사람은, 바람에 의하여 강제되었다고 말해질 수도 있지만 결과에 관여한 것이 명백하므로 강제를 핑계 삼아 면책될 수는 없다.

그렇다면 '보다 더 큰 악에 대한 두려움으로 말미암아 행해진 행동 혹은 고귀한 어떤 것을 위해서 행해진 행동'도 강제된 행동이라고 할 수 있을까? 가령 어떤 사람이 폭군의 손아귀에 있는 아내와 자식을 죽음으로부터 구해내기 위하여 저열한 어떤 것을 행한다면, 그의 행동은 강제된 행동인가? 아리스토텔레스는 이 물음에 직접적으로 대답하지는 않고, 바다에서 폭풍을 만나 짐을 배 밖으로 내던지는 경우를 검토한다. 그러나 우리는 먼저 이 두 예에 다음과 같은 차이점이 있음을 지적해 두어야 한다. 전자의 경우에 있어서는 폭군의 희생자가 과연 비난받아야 하는가라는 도덕적 문제가 제기될 수 있지만, 후자의 경우에 있어서는 칭찬과 비난이 문제되는 것이 아니라 선장이 자기 물건이 아닌 것을 내던질 때의 법률적 시비가 문제된다. 다른 한편으로 위협받은 악이 후자의 경우에 있어서는 자연적 강제의 결과이고, 전자의 경우에 있어서는 인간적 악의의 결과이다. 다시 말해서 폭군의 희생자는 협박을 당하고 있고, 짐을 내던지는 것은 필요에 의한 행동이다. 아리스토텔레스는 후자의 경우에 대해서는 『니코마코스 윤리학』 제3권 제1장에서 다음과 같이 대답하고 있지만, 전자의 경우에 대해서는 우리 스스로가 결론을 이끌어내도록 하고 있다.

추상적으로는 아무도 자발적으로 짐을 내던지지 않지만, 자기 자신과 승무원의 생명을 구해내기 위해서는 지각 있는 사람이라면 누구나 그렇게 할 것이다. 그렇다면 그런 행동들은 혼합적이지만, 자발적인 행동에 훨씬 더 가깝다. 왜냐하면 수행되는 순간에 있어서 그런 행동들은 선택될 만한 것이며, 행동의 목적은 우연에 의존하기 때문이다. 그래서 '자발적'이라는 용어와 '비자발적'[1]이라는

---

[1] 여기에서 '비자발적'이라고 번역된 말은 그리스어 형용사 아쿠시온(akousion)에서 유래한다. 라틴어로는 인보룬타리움(involuntarium)이 이 말의 역어로서 사용되었는데, 그 이후로 아쿠시온을 '비자발적'이라고 번역하는 것이 관례화되어 있다. 그러나 현대의 아리스토텔레스 주석자

용어가 적용되어야 할 때는 행동이 수행되는 순간이다. 그러므로 그 사람은 자발적으로 행동한다.

얼핏 보기와는 달리, 아리스토텔레스의 이와 같은 대답에는 몇 가지 난점이 포함되어 있다. 우선 추상적으로 짐을 내던진다는 말의 의미는 무엇인가? 사실 추상적으로 짐을 내던지는 것과 같은 행동은 결코 존재하지 않는다. 왜냐하면 짐을 내던지는 행동은 일정한 때에 일정한 환경에서 일정한 목표를 가지고 일어날 것이며, 그 행동을 그 행동인 것으로서 개별화시켜 주는 것은 바로 이러한 요소들일 것이기 때문이다. 다음으로 아리스토텔레스는 짐을 내던지는 개별적 행동에 대해서 말하다가 갑자기 행동의 목적은 우연에 의존한다고 말하고 있다. 마지막으로 아리스토텔레스의 대답에 의하면, 동일한 행동이 수행되기 전과 수행된 후에 각각 다른 속성을 가질 수 있게 된다.

이와 같은 난점이 있음에도 불구하고 아리스토텔레스가 표현하고자 했던 것은 아마 다음과 같은 것이라고 생각할 수 있

들은 아쿠시온의 부사형인 아콘(akon)이 '비자발적으로' 즉 '본의 아니게'를 의미할 뿐만 아니라, '비의도적으로' 즉 '마지못해'도 의미한다는 사실을 주목하여 왔다. '본의 아니게' 어떤 것을 행했다고 말할 때에는 결과가 의도되지 않았다는 것을 의미한다. 그 반면에 '마지못해' 어떤 것을 행했다고 말할 때에는 결과가 의도되긴 했지만 욕구되지는 않았다는 것을 의미한다. 따라서 우리는 전통적인 번역을 따라 비자발성이라는 말을 사용하지만, 그때그때의 문맥에 따라 아콘을 '본의 아니게'로 이해하기도 하고 '마지못해'로 이해하기도 할 것이다.

다. 만약 어떤 행동이 자발적이어야 한다면 즉 행위자가 그 행동에 대해서 책임을 져야 한다면, 행위자가 행하기를 원하는 것에 대한 기술(記述)이 있을 것이다. 예를 들어 선장의 행동은 (1) '배 밖으로 짐을 내던지는 것'으로 기술될 수도 있고 (2) '자기 자신과 승무원을 구하기 위하여 배 밖으로 짐을 내던지는 것'으로 기술될 수도 있다. (1)은 어떤 사람이 행하기를 원하는 것에 대한 기술이 아니다. 그 반면에 (2)는 지각 있는 어떤 사람이 취하게 될 행동의 과정을 기술하고 있다. 두 경우는 둘 다 선장의 행동에 적용될 수 있기 때문에, 선장의 행동은 혼합적이다. 즉 선장의 행동은 원해진 것으로서 기술될 수도 있고 원해지지 않은 것으로 기술될 수도 있다. 그러나 우리가 행동을 자발적인 것으로서 분류하고 있을 때에 적절한 것은 보다 더 완전한 기술, 즉 유관한 상황들을 포함하는 기술이다. 이 모든 것을 고려해 볼 때, 선장의 행동은 자발적이다. 그리고 아리스토텔레스는 '자발적'이라는 용어와 '비자발적'이라는 용어가 행동이 수행되는 순간에 적용되어야 한다고 말하고 있는 것이 아니라, 행동하는 순간의 상황과 함께 기술된 행동에 적용되어야 한다고 말하고 있는 것으로 간주해야 한다.

그렇다면 짐을 배 밖으로 내던지는 순간의 상황과 함께 기술되는 행동은 강제된 행동이 아니다. 왜냐하면 아리스토텔레스는 위의 인용문에 이어서 다음과 같이 말하고 있기 때문이다. "이런 종류의 행동에 대해서 사람들은 때로 칭찬을 받는다." '이런 종류'의 행동이란 어떤 행동인가? 그것이 필요에 의해서 혹은 협박에 의해서 행해진 행동이라고 생각할 수도 있다. 그러나 아리스토텔레스는 '그들이 더 큰 것을 얻기 위하여 불명예스럽고 고통스러운 일을 참고 견딜 때'라는 조건을 달고 있다. 이 때 그는 악에 대한 두려움 때문에 행해진 어떤 것을 염두에 두고 있는 것이 아니라, 선에 대한 사랑 때문에 즉 '고귀한 한 것을 위하여' 행해진 어떤 것을 염두에 두고 있음을 분명히 하면서 말이다. 따라서 짐을 배 밖으로 내던지는 행동은 추상적으로 고려된다면 원해지지도 않고 바람직하지도 않은 행동이지만, 바람직한 목적을 추구한다면 즉 고귀한 것을 위해서 행해진다면 칭찬받을 행동이 된다.

이런 관점에서 본다면 목적이 수단을 정당화한다고 생각할 수도 있다. 예를 들어 간통하는 것은 부끄러운 일이지만 어떤 애국자가 자기 나라의 비리를 알아내기 위하여 폭군의 아내와 간통하는 것은 영광스러운 일이 될 수도 있다. 이 때문에 사도 바울의 '우리는 선을 낳을 수도 있는 악을 행해서는 안된다'는 말을 명심하고 있는 중세 기독교 시대의 아리스토텔레스 숭배자들은 아리스토텔레스를 비도덕적이라고 비난했거나 아리스토텔레스가 염두에 두었던 것은 사악한 행동이 아니라 단지 부적절한 행동이었다고 설명했을 것이다. 사실 아리스토텔레스는 '부끄럽고 고통스러운 어떤 것을 참고 견딜 때에'라고 말하면서 선한 목적을 위해서 악을 적극적으로 수행하는 것을 염두에 둔 것이 아니라, 오히려 위대하고 고귀한 어떤 것을 위해서(예를 들면 전쟁 중에 부당한 명령에 대항하는 것) 고통과 불명예에 복종하는 것(예를 들면 투옥되는 것)을 염두에 두고 있다. 그와 같은 참고 견딤은 만약 그것이 칭찬할만한 것이라면 더욱 더 자발적임에 틀림없다.

그러나 협박에 의한 행동이 자발적인지의 문제는 여전히 대답되지 않고 있다. 지금까지 말해졌던 모든 것에도 불구하고 아리스토텔레스의 견해가 협박에 저항하는 것은 자발적이고 복종하는 것은 그렇지 않다는 것일 수도 있다. 이러한 해석은 계속되는 아리스토텔레스의 논의에 의하여 강화된다. 비록 인간의 힘으로는 도저히 어찌할 수 없는 일이라 하더라도 하지 말아야 할 행동을 수행한다면, 결코 칭찬을 받을 수는 없고 기껏해야 용서받거나 변명을 할 수 있을 뿐이다. 그리고 용서나 변명조차도 그런 악을 피하기 위해서 행해진 모든 것에 해당되지는 않는다. 모친 살해와 같은 것들은 너무 나빠서 그 회피가 그것을 정당화해 줄 더 큰 악을 생각하는 것이 도저히 불가능하다. 가령 에우리피데스의 비극에서 알크마이온은 자기를 죽이려는 아버지의 저주를 피하기 위하여 어쩔 수 없이 모친을 살해했다고 주장하였지만, 이것은 당치 않은 변명이다. "우리가 강요될 수 없는 어떤 것들이 있다. 우리는 차라리 무서운 고통도 피하지 말고 죽음을 택해야 한다."

이처럼 아리스토텔레스는 차라리 죽음을 택해야 하기 때문에 우리는 강제될 수 없다고 말하고 있다. 이것은 도덕적 전제로부터 사실적 결론을 이끌어 내는 것을 의미한다. 실제로 사실에 대한 기술이 암암리에 평가를 포함하는 경우는 매우 흔하다. 예를 들어 어떤 사람이 무엇을 행했다고 말하는 것은, 그가 행했어야 하는 것에 의존할 수 있다. 이것은 태만한 행동의 경우들에서 가장 명백하다. 누군가가 문을 열어두었는지 혹은 어린아이를 익사하게 했는지는 그가 그 문을 닫아야 했는지와 그가 어린아이를 구출하는 대신에 행하고 있었던 것이 어린아이의 생명을 구해내는 것과 비교해 볼 때에 얼마만큼 중요했는지에 달려 있을 것이다. 마찬가지로 어떤 사람이 보다 더 큰 악을 피하기 위하여 어쩔 수 없이 행동하게 되었다는 변명을 우리가 수락하는지의 여부는 문제되어 있는 악에 대한 우리의 비교평가에 달려 있을 것이다. 이 점에 있어서 아리스토텔레스는 분명히 옳았다. 그러나 어떤 행동이 자발적이었는지 혹은 그렇지 않았는지는 그런 평가에 의존하지 않는다. 악을 피하기 위해서 행해진 행동은 의도적 행동이며 더구나 자발적 행동이다. 이런 의미에서 '강요당하는 것'은 결코 자발적으로 되는 것을 배제하지 않는다. 어린아이를 피하기 위해서 어쩔 수 없이 인도로 뛰어들었다는 운전자의 변명을 수락하는 것은 그가 자발적으로 행동했다는 것을 부인하는 것이 아니라 오히려 시인하는 것이다. 따라서 협박에 의해서 혹은 필요에 의해서 행해진 행동들은 자발적 행동임이 분명하다. 칭찬과 비난은 강요되거나 강요되지 않은 경우에만 주어진다. 만약 이 말이 강요된 것에 대해서 비난받을 수 있다는 것을 함의한다면, 이 말은 우리가 자발적으로 행동하면서도 강요될 수 있다는 것을 의미한다. 그렇다면 협박 때문에 행해진 행동이 자발적인지의 문제에 대해서 우리는 긍정적으로 대답해야 한다. 또 협박을 당하여 악을 행하는 것이 용서받을 수 있는지의 문제에 대해서는 긍정적으로 대답할 수도 있고 부정적으로 대답할 수도 있다.

행위자 외부의 어떤 것이 행위자로 하여금 행동하게 할 수 있는 방식에는 세 가지가 있다. 하나는 물리적 강제이고, 다른 하나는 협박이며, 마지막 하나는 유혹 혹은 자극이다. 아리스토텔레스는 쾌락과 분노 때문에 행한 행동이 비자발적이라는 가정을 두 번이나 검토하고 두 번 다 거부한다. 이 때 아리스토텔레스는 고대 그리스의 3대 비극시인 중의 한 명이자 정염의 노예였노라고 주장했던 에우리피데스라는 인물 혹은 아프로디테(라틴어로는 비너스)의 협박에 못 이겨 간통했다고 책망하고 있는 헬레네를 심중에 두고 있다. 이러한 가정에 대해서 아리스토텔레스는 쾌락 혹은 분노로부터 수행된 행동들은 비자발적일 수 없다고 대답했을 것이다. 왜냐하면 인과의 연쇄가 행위자와 더불어 시작하기 때문이다. 만약 감각적 충동의 만족이 비자발적이었고 강제적이었다면, 그것은 고통스러웠을 것이라고 아리스토텔레스는 말한다. 그러나 사실 감각적 충동의 만족은 유쾌하다. 만약 욕구로부터 혹은 노여움에서 행한 행동이 비자발적이라고 말한다면, 어린아이와 동물의 행동은 모두 비자발적일 것이다. 더 나아가서 만약 우리가 쾌락을 추구하는 것뿐만 아니라 아름답고 고귀한 어떤 것을 행하는 것도 강제된다고 말한다면, 어떠한 행동도 전혀 자발적이지 않을 것이다. 왜냐하면 우리 모두는 궁극적 목표로서의 쾌락 혹은 고귀함을 추구하기 때문이다. 인간의 모든 행동은 동기에 의해서 결정된다고 믿는 아주 단호한 심리학적 결정론자는 이의 없이 이 결론에 동의할 것이다. 그러나 아리스토텔레스는 마치 나쁜 행동이라는 점에서는 결정론자인 반대자를, 좋은 행동이라는 점에서는 비결정론자인 반대자를 심중에 두고 있는 것처럼 다음과 같이 말하고 있다. "쉽게 걸려들은 것에 대하여 외적 강제를 책망하고 자신을 책망하지 않는 것, 자신의 고상한 행동에 대해서는 자기의 책임으로 돌리고 저열한 행동에 대해서는 유쾌한 대상을 책망하는 것은 당치 않은 일이다."

3. 책임을 물을 수 없는 행위의 두 번째 범주는 '모르고'(di agnoian) 한 행동이다. 강제를 당하여 한 행동들의 경우와 마찬가지로 모르고 한 행동들에 대해서도 책임을 물을 수 없다는 것이 아리스토텔레스의 생각이다. 다시 말해서 모르고 한

행동들의 경우에도 행동의 원인은 행위자에게 있지만, 그 원인이 행동의 원리는 아니라는 것이다. 그러나 아리스토텔레스에 의하면 모르고 한 행동에 대해서는 책임을 물을 수 없지만 '모르게 되고서' 한 행동에 대해서는 책임을 물어야 한다.

아리스토텔레스는 '모르고' 한 행동과 '모르게 되고서'(agnoon) 한 행동을 다음과 같이 구별한다. 술에 취했거나 화가 나 있거나 사악한 사람은 그가 무엇을 행하고 있는지를 모를 수 있으며, 그가 의도하지 않았던 결과를 낳을 수도 있다. 그러나 불행한 결과는 그의 무지에 기인하는 것이 아니라 술에 취했거나 화가 나 있거나 사악한 것에 기인하는 것으로 볼 수 있다. 술주정뱅이는 무지의 결과로서 경찰관을 접대부로 오판할 수 있다. 그러나 그의 오판은 그 자체 그가 술에 취한 결과이다. 그는 무지 때문에 그렇게 행동하는 것이 아니라 무지하게 되고서 그렇게 행동한다. 이런 맥락에서 아리스토텔레스는 『대도덕론』에서 다음과 같이 말하고 있다. 술에 취한 사람들을 예로 들어 보자. 즉 술에 취해서 정의롭지 않게 행동했던 사람들 말이다. 그들은 스스로 그들의 무지의 원인이다. 왜냐하면 그들은 그들의 아버지를 구타하고 있었다는 것을 모를 만큼 술에 취할 필요가 없었기 때문이다. 또한 아리스토텔레스는 술에 취해서 범해진 범죄에 대해서는 처벌이 배가되는 피타쿠스의 법률도 언급하고 있다.

화가 난 사람도 역시 그렇다. 아리스토텔레스는 맹목적으로 화를 벌컥 내는 어떤 사람 즉 자기가 무엇을 하고 있는지를 생각해 보지 않는 사람과 화가 나서 무엇을 하고 있는지는 알고 있지만 조심하지 않는 사람(예를 들면 화가 나서 방 안에 있는 아주 비싼 꽃병을 집어 들고는 바닥에 내동댕이치는 사람)을 둘 다 염두에 두고 있는 듯하다. 어느 경우이든 그런 사람들은 자발적으로 행동하고 있으며 처벌받아 마땅하다는 것이 아리스토텔레스의 생각이다. 화가 나서 행한 행동들은 비난받아 마땅하지만 심사숙고한 후에 행해진 나쁜 행동과는 구별되어야 한다.

사악한 사람도 역시 모르게 되고서 행동한다. 그는 자기가 무엇을 해야 하고 무엇을 피해야 하는지에 대해서 바르게 판단하지 못한다. 그러나 그는 비자발적으로 혹은 모르고 그렇게 오판하는 것이 아니다.

모든 사악한 사람은 자기가 무엇을 해야 하며 또 무엇을 해서는 안 된다는 것을 알지 못한다. 사람들이 정의롭지 못하게 되고 일반적으로 악하게 되는 것은 이런 문제에 있어서의 과오 때문이다. 그러나 자기에게 유익한 것이 무엇인지를 알지 못하는 사람에 대해서는 '비자발적'이라는 말이 쓰이지 않는 것이 보통이다. 왜냐하면 '선택에 있어서의 무지'는 비자발적인 것의 원인이 아니요 오히려 사악의 원인이며, 비자발적인 것의 원인은 보편적인 무지가 아니라(이런 무지는 비난받는다) 개별적인 여러 조건에 대한 무지 즉 주위의 여러 가지 사정이라든가 행동의 대상에 대한 무지이기 때문이다. 그러기에 이런 것들에 대해서는 연민과 동정이 생긴다. 왜냐하면 이런 것들 중의 어느 하나라도 모르고 있는 사람은 비자발적으로 행동하고 있기 때문이다.

『니코마코스 윤리학』제3권 제1장에 나오는 이 대목에는 어떤 사람이 사악하게 되는 무지 즉 그 사람의 행동을 비자발적으로 만들어 주지 않는 무지가 다양하게 서술되어 있다. 무엇을 하고 무엇을 하지 말아야 하는지에 대한 무지, 자기에게 유익한 것에 대한 무지, 선택에 있어서의 무지, 보편적인 것에 대한 무지 등이 그것들이다. 현대의 아리스토텔레스 주석자들은 대체로 이것들이 여러 종류의 무지에 대한 서술이 아니라 한 종류의 무지에 대한 다양한 서술방식 혹은 한 종류의 무지 안에 있는 상이한 요소들이라고 보고 있다. 여기에서 변명의 여지가 없는 것으로서 언급된 무지의 유형들이 사실에 대한 단순한 무지와 대조되고 있음은 명백하다.

아리스토텔레스는 어떤 사람의 행동을 비자발적인 것으로 만들 수 있는 무지들을 『니코마코스 윤리학』제3권 제1장에서 다음과 같은 방식으로 설명하고 있다. "자기가 무엇인지, 자기가 하고 있는 것이 무엇인지, 자기가 다루고 있는 문제가 무엇인지 혹은 자기가 상대하고 있는 사람이 어떤 사람인지,

그리고 때로는 자기가 무엇을 가지고(가령 어떤 연장을 가지고) 일을 하고 있는지, 또 자기가 하고 있는 일이 무슨 목적 때문인지(가령 누구를 살려주기 위하여 행동하는 경우도 있으니까), 그리고 또 자기가 어떤 모양으로 자기의 일을 하고 있는지(가령 조용하게 하고 있는지 그렇지 않으면 사납게 하고 있는지)를 모르는 경우가 있다." 아리스토텔레스의 목록은 '무심결에', '실수로', '우연하게' 등과 같은 단어가 '비자발적으로'보다도 더 자연스럽게 적용될 수 있을 정도로 가능적 사건 혹은 우연적인 것들의 넓은 범위에 걸쳐 있다.

만약 아리스토텔레스가 보편적 무지에 관하여 너무 엄격한 것처럼 보인다면, 그는 개별적 사실에 관한 무지에 대해서는 너무 관대한 것 같다. 아리스토텔레스는 개별적 사실에 대한 무지는 행동을 비자발적으로 만든다고 말하고 있다. 그는 이런 종류의 일에 대하여 그가 심중에 두고 있는 몇 개의 예를 든다. 어떤 사람이 비밀로 해두어야 할 것을 모르고 누설하는 것, 석궁을 어떻게 다루는가를 수련생에게 가르쳐 주는 동안에 그만 화살이 날아가게 한 석궁코치, 에우리피데스의 『크레오폰테스』에서 메로페가 그랬듯이 착오로 아들을 적인 줄 알고 죽이는 사람, 날 선 창인데 끄트머리를 뭉뚝하게 한 줄로만 알고 그 창을 사용하고 있는 사람, 가볍게 휘둘렀던 펀치에 의하여 스파링 상대에게 상처를 입히는 권투선수 등등. 이것들은 아리스토텔레스의 무지의 범주가 얼마나 넓은지를 보여주고 있다. 그것들은 우리가 '모르고' 범할 수 있는 행동의 다양한 특징들을 예증하기 위하여 의도되어 있다. 만약 여러분이 비밀을 누설하거나 화살을 날려 보낸다면, 여러분들이 무엇을 하고 있었는지를 모르고 있었을 것이다. 메로페는 그녀가 죽이고자 했던 사람이 누구인지를 몰랐다. 창에 대한 착오는 여러분들이 어떤 것을 행하고 있는지 즉 무엇을 사용하고 있는지에 관한 착오이다. 나쁜 약을 처방하고 있는 의사는 그 약의 효과에 관한 착오였을 것이다. 권투선수는 자기가 스파링 상대를 얼마나 세게 때리고 있는지를 모른다. 그러나 각각의 경우에 있어서 행위자가 모르는 어떤 특징이 있기는 하지만 이 경우들의 모두 다가 나쁜 결과는 무지의 결과라고 말해질 수 있는 경우들인 것은 아니다. 석궁화살은 사실들에 관한 무지의 결과로서가 아니라 우연히 날아간다. 권투선수는 정보를 결여하고 있다기보다는 상처 낼 의도를 결여하고 있다. 더군다나 아리스토텔레스의 무지의 범주 안에 들어갈 수 있는 많은 경우들은 과실(태만) 혹은 부주의의 경우들일 것이다. 그것들은 모두 비의도적인 행동의 경우들이긴 하지만, 그것들 모두 다가 행위자가 비난을 모면하기를 기대할 수 있는 경우들인 것은 아니다. 잘못된 약을 처방하는 의사, 비의도적으로 대포를 발사하는 무능한 포병교관, 이런 사람들은 확실히 직업적인 과실죄를 저지른 사람들이며 비난받아 마땅하다. 무지에 의한 비자발적 행동들은 용서받을 수 있는 것이 아니다.

4. 이상에서 살펴본 바와 같이 아리스토텔레스는 강제와 무지를 면책의 조건으로 제시하고 있다. 강제에 관한 아리스토텔레스의 논의에서 흥미로운 것은 협박을 당해서 한 행동이나 쾌락으로 말미암아 수행된 행동들은 면책되지 않는다는 것이다. 아무리 무서운 협박이라 하더라도 행하지 말아야 하는 행동을 해서는 안 되며 차라리 죽음을 택해야 한다. 그리고 만약 쾌락을 추구하는 것이 강제된다고 말한다면, 강제되지 않은 행동이란 하나도 없을 것이다. 왜냐하면 인간은 궁극목표로서의 쾌락을 끊임없이 추구하면서 살아가기 때문이다. 무지에 관한 논의에서도 아리스토텔레스는 중요한 것을 우리에게 가르쳐 준다. 주위의 구체적인 상황을 모르고 행동한 사람이 나중에 후회하지 않는다면 즉 양심의 가책을 느끼지 않는다면 면책되지 않는다. 술에 취했거나 화가 나서 한 행동도 역시 면책되지 않는다. 왜냐하면 그런 경우 악행의 원리는 행위자의 외부에 있는 것이 아니라 행위자 자신에게 있기 때문이다. 그리고 사악한 사람의 악행도 면책되지 않는다. 왜냐하면 사악한 사람은 당연히 알아야 할 사항 즉 자기가 무엇을 행하고 무엇을 행하지 말아야 하는지를 모르는 사람이기 때문이다.

이처럼 면책되지 않는 모든 행동은 행위자 자신의 '자유로운 의지'에 따라서 행한 나쁜 행동이다. 다시 말해서 행위자 자신이 원리이면서 동시에 원인인 나쁜 행동은 면책되지 않는다. 그 반면에 면책될 수 있는 행동은 필연에 기인하거나 자연(본성)에 기인하거나 우연에 기인하거나 다른 인간에 기인하는 나쁜 행동임이 분명하다. 이런 경우 행위자는 행동의 원인일 뿐 원리가 되지는 않는다. 아리스토텔레스는 『니코마코스 윤리학』에서 이런 행동을 비자발적 행동이라고 명명하고 있다. 아리스토텔레스는 『니코마코스 윤리학』 제3권의 초두에서 비자발적 행동에 대해서 논의하는 두 개의 이유를 제시하고 있다. 첫째, 칭찬과 비난은 자발적인 행동에 대한 보상이다. 그 반면에 비자발적인 행동은 용서받거나 동정을 얻는다. 둘째, 이런 탐구는 또한 입법자가 상벌을 다룸에 있어서도 유용하다. 아리스토텔레스는 칭찬과 비난에 관계되는 기준이 일반적으로 상벌에 관계되는 기준과 다른지 혹은 어떻게 다른지에 대해서 말하지 않고 있다. 그러나 차이가 있다는 것은 명백하다. 예를 들어 도덕적 평가와 관련되는 정보가 재판관에 의해서는 무관한 것으로 다루어질 수도 있다. 역으로 범죄의 경우에 그 시도가 성공적이었는지의 문제가 법정에서의 재판관에게는 중요할 수도 있지만, 도덕적 평가와는 무관하다. 아리스토텔레스에게 있어서 법률적 관심은 2차적이지만, 『니코마코스 윤리학』에서의 그의 논의는 법률적 관점에서 출발하고 있다. 도덕적 개념을 배우는 학생은 법정에서 유죄 혹은 결백과 유관한 요소들이 무엇인지를 발견하는 데에 관심을 가지고 있어야 한다. 그러나 아리스토텔레스의 주관심사는 인간의 행동, 특히 윤리적 성향을 드러내는 행동에 부여된 칭찬과 비난의 적절성과 의미에 있음을 주목해야 한다.

자연

1. 아리스토텔레스는 자기 저작의 도처에서 '자연'(physis)이라는 말을 사용하고 있다. 아리스토텔레스 자신의 저서인 『자연학』에서 이 말이 사용되고 있는 방식을 보면, 우리는 이 말의 기본적인 의미가 두 가지임을 알 수 있다. 한 가지는 변화 내지 운동의 내적 원리라는 의미이다. 자연을 의미하는 그리스어 '퓌시스'는 어원적으로 이미 변화의 내적 원리라는 의미를 가지고 있다. 왜냐하면 퓌시스는 '자라다', '생겨나다' 등을 의미하는 그리스어 동사 '퓌오'로부터 유래하기 때문이다. 아리스토텔레스 자신도 『자연학』 제2권 제1장에서 퓌시스의 어원적 의미는 '발생'을 의미하는 그리스어 '게네시스'(genesis)와 동일하다고 말하고 있다. 변화 내지 운동의 내적 원리라는 의미에서의 자연은 자연적 사물이 존재함과 동시에 그 사물에 고유하게 주어지는 '본성'이라고 볼 수도 있다. '퓌시스'의

라틴어 번역인 'nasci'(생겨난 것)로부터 유래하는 영어의 'nature'나 독일어의 'Natur'가 본성을 의미하기도 하고 자연을 의미하기도 하는 것은 이런 연유에서이다. 자연이라는 말의 다른 한 가지 의미는 변화의 내적 원리를 소유하고 있는 사물들의 총체이다. 물론 이런 의미에서의 자연에는 인간도 포함된다.

그러나 '본성'이라는 말은 확정적으로 주어져 있는 어떤 것을 암시한다. 예를 들어 인간의 '본성'은 인간이 태어날 때부터 가지고 있는 성질들의 총체이며, 인간을 다른 동물들로부터 구별시켜 주는 바의 것이다. 이런 의미에서의 본성은 '본질'과 같은 것이다. 여기에 반하여 아리스토텔레스가 언급하고 있는 변화의 내적 원리로서의 '퓌시스'는 확정적으로 주어져 있는 어떤 것이 아니라 변화를 이끌어 가는 역동적인 힘을 가지고 있다. 따라서 변화의 내적 원리로서의 '퓌시스'는 사물의 '본성'보다도 넓은 의미를 가지고 있다. 그렇다면 아리스토텔레스에 있어서 변화의 내적 원리로서의 자연이란 무엇인가? 다시 말해서 아리스토텔레스는 변화의 내적 원리로서의 자연에 어떤 의미들을 부여하고 있는가?

2. 아리스토텔레스는 『자연학』 제2권을 시작하면서 '자연'을 개념적으로 정의하기 위하여, 이 세상에 존재하고 있는 사물들을 '자연적으로 혹은 자연에 의해서' 존재하게 된 것들과

자연과는 '다른 원인들에 의해서' 존재하게 된 것들로 구분하고 있다. 여기에서 우리가 '원인'이라고 번역한 그리스어 아이티아(aitia)는 인과적 의미에 있어서의 원인을 의미하는 것이 아니라, 어떤 사물을 존재하게 한 토대 혹은 근거를 의미한다. 아리스토텔레스가 존재하는 것들 중의 어떤 것은 자연적으로 존재하게 된다고 말할 때에, 그것은 곧 자연적으로 존재하게 된 것들의 아이티아(존재근거)가 자연임을 의미한다. '자연과는 다른 아이티아'의 예로는 기술(techne), 우연(tuche), 선택(prohairesis) 등을 들 수 있다.

자연적으로 존재하게 된 것들의 전형적인 예는 생물이다. 그러나 아리스토텔레스는 또한 생물의 부분들과 '단순체'(흙, 공기, 불, 물)도 자연적으로 존재하게 된 것들에 포함시킨다. 다음으로 아리스토텔레스는 자연적으로 존재하게 된 것들을 다른 원인들에 의해서 존재하게 된 것들로부터 구별할 수 있는 특징이 무엇인지를 검토하고 나서 그것을 다음과 같이 묘사하고 있다. "자연적으로 존재하게 된 것들은 그 자체 내에 변화와 정지의 원리(arche)를 가지고 있다." 물론 여기에서 '천체'가 언급되고 있지는 않지만, 정지의 원리와 관련하여 '천체'는 자연물에서 제외된다. 왜냐하면 아리스토텔레스에 의하면, 천체는 결코 정지하려는 경향성을 가지고 있지 않기 때문이다. 이리하여 아리스토텔레스는 자연적으로 존재하게 된 사물에 내재하는 변화와 정지의 원리가 곧 자연이라는 결론을 내린다.

아리스토텔레스에 의하면, 이러한 원리가 존재한다는 것은 명백한 경험적 사실이며 따라서 전혀 증명할 필요가 없다. 예를 들어 식물과 동물이 스스로 성장할 능력을 가지고 있으며, 동물이 장소를 이동할 수 있다는 것은 누구나 다 알고 있는 사실이다. 더 나아가서 아리스토텔레스는 단순체 역시 일정한 방향으로 움직이는 경향성을 가지고 있다고 한다. 예를 들어 불은 우주의 경계선을 향하여 위로 움직이는 경향성을 가지고 있으며, 방해만 받지 않는다면 계속해서 그렇게 움직일 것이다.

아리스토텔레스는 변화와 정지의 원리로서의 자연의 의미를 보다 더 분명하게 하기 위하여 다른 원인에 의하여 존재하게 된 것들과 자연물을 비교한다. 다른 원인으로부터 존재하게 되는 것들 중에서 전형적인 예는 인공물이다. 인공물은 일정한 재료를 가지고서 그 인공물을 만들어 내는 제작자의 기술에 의존해서 존재하게 된다. 따라서 인공물의 원인은 그것을 만들어 내는 제작자의 기술임이 명백하다. 이처럼 인공물의 경우에 있어서는, 그것이 존재하기 위한 원리가 그 자체 내에 있는 것이 아니라 그것의 외부에 있다. 여기에 반하여 자연물은 그것에 내면화된 창조적 힘을 가지고 있다. 이런 의미에서 "자연은 그것이 일차적으로 귀속하게 되는 사물 안에 내재하는 변화와 정지의 원리 내지는 원인이다."

3. 이제 아리스토텔레스는 자연물에 내재하는 변화와 정지의 원리로서의 자연이, 자연물의 질료(質料, hyle)에 내재하는지 혹은 형상(形相, eidos)에 내재하는지를 묻는다. 우선 아리스토텔레스는 자연이 자연물의 질료 즉 그 자체적으로 아무런 형상도 부여받지 않은 물질에 내재한다는 견해를 검토한다. 아리스토텔레스에 따르면, 소피스트 중의 한 사람이었던 안티폰(Antiphon)은 다음과 같이 주장했다. "만약 여러분들이 나무로 만들어진 침대를 정원의 흙 속에 묻어 두면, 썩은 침대로부터 다른 침대가 생기는 것이 아니라 나무로 자라게 될 싹이 생겨날 것이다." 이런 관점에서 안티폰은 침대의 진정한 자연은 나무이며 침대의 형상은 침대제작자의 기술에 의하여 우연히 나무에 부여된 속성에 불과하다고 생각했다.

같은 맥락에서 만약 나무와 침대의 관계가 나무를 구성하고 있는 질료와 나무의 관계와 동일하다면, 나무의 자연은 그것의 질료일 것이다. 이와 같은 추리를 계속하다 보면 우리는 그 자체적으로 아무런 형상도 부여받지 않은 물질에 도달하게 되는데, 이 물질이 바로 온갖 존재자의 자연이 된다. 이런 연유에서 물이 바로 그런 물질이라고 주장한 사람(탈레스)도 있었고 불이 바로 그런 물질이라고 주장하는 사람(헤라클레이토스)도 있었다. 그리고 공기가 그런 물질이라고 주장하는 사람(아낙시메네스)도 있었고 흙이 그런 물질이라고 주장한 사람도 있었으며, 이 중의 두서너 가지 혹은 이들 모두가 그런 물질이라고 주장하는 사람들(엠페도클레스, 아낙사고라스 등)도 있었다. 물, 불, 공기, 흙 이외의 다른 것들은 이 근본물질의 성질 내지 우연적 속성에 불과하다는 것이 이들의 주장이다. 이처럼 자연이 언급되는 하나의 방식은, 그 자체 내에 변화와 정지의 원리를 소유하는 모든 사물의 '근저에 놓여 있는 궁극적 질료'로서의 자연이다.

다음으로 아리스토텔레스는 자연이 자연물의 형상에 내재한다는 입장에서 논의를 전개한다. 아리스토텔레스에 의하면 사물의 자연은 그 사물의 형상이라고 생각하는 것이 보다 더 적절하다. 그 이유를 아리스토텔레스는 다음과 같이 설명한다. 첫째, 기술의 산물이 기술의 원리에 부합하는 사물이듯이 자연물은 자연에 부합하는 사물이기 때문이다. 침대의 가능태에 불과한 나무가 침대를 제작하는 기술에 부합하는 사물이라고 말하는 사람은 아무도 없을 것이며, 뼈와 살의 가능태에 불과한 것이 뼈와 살의 형상을 획득하기 전에 뼈와 살의 자연을 가지고 있다고 말하는 사람은 아무도 없을 것이다. 이런 의미에서 변화와 정지의 내적 원리를 가지는 사물들의 자연은 그 사물들의 형상인 것이다. 물론 이 형상은 사물로부터 분리될 수 없다. 둘째, 만약 침대가 침대를 생산하지 않는다는 사실이 침대의 자연은 형상이 아니라 질료라는 것을 보여주는 것이라면, 인간이 인간을 낳는다는 사실은 인간의 형상이 인간의 자연이라는 것을 보여주기 때문이다. 셋째, 어원적으로도 '자연'은 '성장'을 의미하며, 성장하는 가운데 사물들은 자신들의 자연을 얻게 되기 때문이다. 그리고 제작됨으로써 침대가 되는 나무토막의 경우처럼, 사물들이 성장하는 가운데 얻게 되는 것은 형상이다. 따라서 형상이 곧 자연인 것이다.

이처럼 아리스토텔레스에 의하면, 어른으로 성장하는 것이 소년의 형상이라면 이 형상이 살과 뼈에 우연히 부여된 속성이라고 생각할 수 없다. 만약 우리가 '사람의 씨를 뿌린다면' 즉 인간으로 하여금 발생, 재생산, 소멸이라는 자연적 과정을 겪게 한다면, 성장해 갈 것은 단순한 살과 뼈가 아니라 또 다른 인간일 것이다. 이런 의미에서 소년의 자연은 살과 뼈가 아니라 소년의 형상인 것이다. 여기에 반하여 나무는 침대의 가능태일 뿐이다. 즉 나무는 침대제작자에 의해서 침대로 만들어질 수 있게 되는 어떤 것일 뿐이다. 침대가 되기 위해서 나무는 그것에 부여된 형상을 현실적으로 가지고 있어야 한다. 따라서 만약 우리가 침대에 대하여 조금이라도 자연을 가지고 있는 것으로 간주해야 한다면, 침대의 자연을 그것의 형상과 동일시하는 것이 보다 더 적절하다고 아리스토텔레스는 생각한다. 진정으로 침대가 자연물이라면, 그것을 정원에 묻어 두었을 때 침대로 성장해 갈 것이다. 침대가 다른 침대를 재생산하지 않는다는 것은 침대가 그 자체 내에 자연을 가지고 있지 않다는 것을 의미한다.

4. 이상에서 살펴본 바와 같이 변화와 정지의 내적 원리로서의 자연이 질료에 내재하는지 혹은 형상에 내재하는지의 물음에 대하여 아리스토텔레스는 자연을 형상으로서 이해하는 것이 보다 더 적절하다고 대답한다. 그러나 아리스토텔레스의 대답이 자연학의 탐구대상은 형상에 한정된다는 것을 의미하는 것은 아니다. 왜냐하면 의사가 건강에 대해서 뿐만 아니라 신체의 질료적 구조에 대해서도 알고 있어야 하듯이, 자연학자도 자연물을 완벽하게 이해하기 위해서는 자연물의 형상뿐만 아니라 질료도 탐구해야 하기 때문이다. 이처럼 형상은 반드시 질료를 통해서만 이해될 수 있기 때문에 실제로 아리스토텔레스도 자연물의 질료를 연구하는 데에 엄청난 양의 시간과 정력을 쏟았다.

그렇다면 자연물의 형상과 질료의 관계는 무엇인가? 아리스토텔레스는 그 관계를 다음과 같이 설명하고 있다. 첫째, 자연물의 형상은 질료에 첨가된 속성에 불과한 것이 아니다. 왜냐하면 자연물의 형상 즉 자연이 자연물을 자연물이게끔 해주는 내적 원리라면, 형상은 처음부터 자연물의 일부분이어야 하기 때문이다. 이것은 인공물의 경우도 마찬가지이다. 물론 인공물의 형상은 변화의 내적 원리라는 의미에서의 자연은 아니지만 말이다.

둘째, 자연물의 질료는 그 형상에 의존하고 있다. 생물체의 경우를 살펴보기로 하자. 모든 생물체는 각기 그것으로 되기

까지의 과정이 있다. 이와 같은 자연적 발생의 과정을 아리스 토텔레스는 생물체가 그것의 자연적 형상을 실현해 가는 과 정이라고 개념화한다. 분명히 우리는 성숙한 생물체에서 성장 과정의 결과를 본다. 그것은 그 생물체가 성숙하기 전에는 없 었던 것이다. 형상에로의 변화를 거치면서도 생물체의 질료는 지속적으로 존재한다. 죽고 난 다음에는 즉시 생물체에 내재 해 있던 변화와 정지의 원리 즉 형상이 없어진다. 왜냐하면 남아 있는 것은 질료뿐이기 때문이다. 그러나 질료도 생물체 의 죽음과 동시에 사라지기 시작한다. 이런 의미에서 자연물 의 질료는 그 형상에 의존하고 있는 것이다. 이것 역시 인공 물의 경우도 마찬가지이다. 예를 들어 집이 파괴되고 나면, 남아 있는 것은 집의 재료뿐이며 재료만으로써는 집의 역할 을 할 수 없는 것이다. 그러나 다른 의미에서는 형상이 질료 에 의존하고 있다고 볼 수도 있다. 왜냐하면 인공물과는 달리 자연적 생물체에는 형상이 실현될 수 있는 질료의 유형이 각 생물체마다 한 가지밖에 없기 때문이다. 예를 들어 인간의 형 상은 개구리나 개로 실현될 수 없다.

셋째, 인공물의 경우와는 달리 자연물의 형상에 내재하는 자연은 질료로 하여금 그 형상을 실현하도록 해주는 내적 힘 이다. 아리스토텔레스에 의하면, 생물체가 성장해 가는 것은 생물체 그 자체에 내면적인 하나의 과정이며 생물체의 변화 의 내적 원리는 그 생물체의 자연이다. 따라서 어떤 자연물의 자연은 질료로 하여금 그 형상을 실현하도록 해주는 힘인 것이다. 그렇다면 형상을 실현하도록 해주는 힘으로서의 자연이 형상에 내재하게 되는 것은 어떻게 해서 가능한가? 아리스토텔레스의 대답은 형상이 다양한 수준의 가능태와 현실태로 존재할 수 있다는 것이다. 예를 들어 미성숙한 생물체는 그것이 지금까지 성취했던 구조적 발전에 덧붙여 앞으로의 성장과 발전을 위한 힘을 그 자체 내에 가지고 있는데, 이 힘이 바로 형상이며 이 단계에서의 형상은 가능태로서의 형상이다. 이처럼 미성숙한 생물체에 있어서 형상은 질료로 하여금 그 것의 형상을 실현하도록 해주는 내적 힘이다. 생물체가 성숙하게 되었을 때, 그것의 형상은 더 이상 가능태가 아니라 현실태로서 존재한다. 따라서 생물체의 성장에 있어서 형상은 그 자체 가능태에서 현실태로 발전하고 있으며 동시에 이 과정을 이끌어 가고 있다. 그러므로 우리는 자연적 형상들을 생물체의 질료적 구조와 동일시해서는 안 된다. 질료적 구조는 형상을 실현하도록 도와주지만 정적이고 수동적이다. 그 반면에 형상은 역동적이고 능동적인 힘이다.

마지막으로 아리스토텔레스는 자연물의 형상에 내재하는 자연을 질료적 변화의 목적(telos)과 동일한 것으로 간주한다. 아리스토텔레스에 있어서 생물체의 성장이란 목적을 향하여 즉 성숙한 기능을 가진 생물체를 향하여 나아가는 과정이다. 이런 의미에서 성숙한 생물체란 바로 '그것을 위하여' 성장의 과정이 있게 되었던 바의 것이다. 그러나 만약 생물체가 그것의 목적에 도달하기 위하여 자기 자신 안에 있는 변화의 내적 원리에 의존한다면, 성장의 과정 중에는 전혀 존재하지 않았던 이 목적이 어떻게 해서 그 생물체의 자연과 동일한 것으로 간주될 수 있는가? 아리스토텔레스의 대답은, 목적을 완전히 실현된 형상 즉 현실태로서의 형상으로 간주해야 한다는 것이다. 왜냐하면 형상은 성장의 과정이 그것을 향해 있는 것임과 동시에 그 과정을 이끌어 가는 것이기 때문이다. 미성숙한 생물체의 자연은 그 생물체의 성숙한 구성원으로 성장해 가는 것 즉 가능태로서의 형상이며, 성숙한 생물체의 자연은 가장 완전하고 가장 능동적인 의미에 있어서 그 생물체의 구성원이 되는 것 즉 현실태로서의 형상이다. 아리스토텔레스에 의하면 이 두 형상 즉 가능태로서의 형상과 현실태로서의 형상은 동일한 자연이다. 왜냐하면 자연은 질료 안에서 다양한 수준의 가능태와 현실태로 존재하고 있는 능동적이고 역동적인 하나의 형상이기 때문이다.

5. 『자연학』 제2권 제3장을 시작하면서 아리스토텔레스는, 사물이 '어떻게 해서 존재하게 되었으며 왜 존재하고 있는지'를 알아야 그 사물을 올바르게 이해할 수 있다고 주장한다. 이것은 곧 사물의 존재근거 내지 존재이유를 설명할 수 있어야 그 사물을 올바르게 이해할 수 있다는 것을 의미한다. 이

런 의미에서 자연물의 존재근거가 되는 것이 바로 자연이다. 그런데 아리스토텔레스에 의하면, 자연은 질료로서 이해될 수도 있고 형상으로서 이해될 수도 있으며 형상은 다시 형상 그 자체로서 이해될 수도 있고 변화의 시동원리로서 이해될 수도 있으며 변화의 목적으로서 이해될 수도 있다. 따라서 자연물의 존재근거로서의 자연은 4가지의 의미를 가지게 된다. 아리스토텔레스는 자연을 질료의 방식으로 이해하는 것보다 형상의 방식으로 이해하는 것이 더 적합하다고 생각한다. 그러나 그는 자연이 질료의 방식으로 이해되는 것을 전적으로 배제하지는 않는다. 왜냐하면 그는 질료가 없이는 자연물의 발생이 불가능하다고 믿었기 때문이다. 이런 의미에서 질료도 나름대로는 자연물의 존재근거가 될 수 있는 것이다.

자연물의 존재근거로서의 자연의 첫 번째 의미는 질료이다. 이런 의미에서의 자연을 아리스토텔레스는 '사물을 존재하게 하는 내재적 원리'로서 표현하고 있다. 인공물을 예로 들어보면, 청동은 그릇으로 될 수도 있고 칼로 될 수도 있는데 이때 그릇과 칼을 존재하게 한 내재적 원리는 질료 즉 청동이다. 이처럼 아리스토텔레스는 인공물과의 유비에 의해서 자연물의 존재근거를 설명하는 방법을 즐겨 사용한다. 왜냐하면 아리스토텔레스에 있어서 기술은 자연의 모방이기 때문이다. 같은 맥락에서 문자는 음절의 내재적 원리이고 4원소(물, 불, 공기, 흙)는 사물의 내재적 원리이며, 부분은 전체의 내재적 원리이고 전제는 결론의 내재적 원리이다. 그러나 질료는 지각될 수는 있지만 인식될 수는 없다. 따라서 엄격한 의미에서 본다면, 질료는 자연물의 존재근거를 설명해 주는 것이라고 볼 수 없다.

자연물의 존재근거로서의 자연의 두 번째 의미는 형상인데, 이것은 형상 그 자체로서의 자연이다. 아리스토텔레스는 형상 그 자체를 '본질에 대한 로고스'라고 부른다. 여기에서 우리가 '본질'이라고 번역한 그리스어 '토 티 엔 에이나이'(to ti en einai)의 글자 그대로의 의미는 '사물을 바로 그 사물로서 존재하게 하는 바의 것'이다. 따라서 형상 그 자체로서의 자연은 어떤 사물로 하여금 바로 그 사물로서 존재하게 하는 로고스를 의미한다. 여기에서 로고스(logos)란 본질 그 자체에 의해서 예증되는 비례, 비율, 질서 등을 의미한다. 다시 말해서 '본질에 대한 로고스'란 본질이 질료를 통해서 비례나 비율이나 질서 등을 드러내는 것을 의미한다. 자연물 혹은 인공물을 바로 그 사물로서 존재하도록 하는 것은 그것들의 형상이기 때문에, 결국 형상 그 자체로서의 자연과 사물의 본질은 동일한 것이라고 할 수 있다.

자연물의 존재근거로서의 자연의 세 번째 의미는 '변화의 시동원리'이다. 이런 의미에서 아버지는 자식을 존재하도록 한 시동원리이다. 이것은 마치 제작자가 자기가 만드는 제작물의 시동원리인 것과 같다. 일반적으로 말하자면, 변화를 일으키는 것은 변화된 것의 시동원리이다. 방금 우리가 '변화의 시동원리'라고 번역했던 말은 흔히 '운동인(運動因)이라고 번역된다. 그러나 '운동인'이라는 역어(譯語)는 적절하지 않다. 왜냐하면 운동인이라는 번역은 '변화의 시동원리'가 근대의 원인개념과 유사하다는 생각을 들게 하며, 또한 '변화의 시동원리'가 형상의 또 다른 측면이라기보다는 형상과는 전혀 다른 원인이라는 생각을 들게 하기 때문이다. 자연이 변화의 시동원리라는 의미를 가지게 되는 이유는 무엇일까? 이 물음에 대답하기 위하여 우리는 아리스토텔레스가 형상들에 부여하는 두 개의 특징을 알아야 한다. 첫째는 형상들이 자연물에 내재한다는 것이고, 둘째는 형상들이 역동적이라는 것이다. 아리스토텔레스에 의하면, 이와 같은 형상이 자연계에 전이(轉移)되는 방식에는 세 가지가 있다. 생식(生殖)에 의한 방식과 인공물을 만들어 내는 것에 의한 방식과 교육에 의한 방식이 그것들이다. 이 중에서 인공물을 만들어 내는 방식이 전형적이다. 기술자는 자기의 혼 안에 기술을 가지고 있다. 즉 그가 자기 외부에 있는 질료에 부과하게 될 형상은 우선 그의 혼 안에 머물러 있다. 형상은 다양한 수준의 가능태와 현실태로 존재할 수 있는데, 기술자의 혼 안에 머물러 있는 것으로서의 인공물의 형상은 가능태로서의 형상이다. 우리가 그 사람을 기술자라고 말할 수 있는 것은 바로 이 가능태로서의 형상에 의해서이다. 기술자가 지니고 있는 기술의 완전한 현실태는 그가 실제로 인공물을 만드는 것이다. 따라서 집을 짓고 있는 건축업자는 실제로 활동하고 있는 집의 형상이다. 그리고 이 활동은 지어지고 있는 집에서 일어나고 있다. 이런 의미에서 자연은 변화의 시동원리가 되는 것이다.

자연물의 존재근거로서의 자연의 마지막 의미는 목적이다. 아리스토텔레스에 의하면 목적이란 '그것을 위하여' 무엇인가 가 행해지는 바의 것이다. 예를 들어 식물은 열매를 보호하고 영양분을 뿌리로 내려 보내기 위하여 잎을 자라게 하며, 제비 는 몸을 보호하기 위하여 보금자리를 지으며, 거미는 먹이를 얻기 위하여 거미줄을 친다. 이들의 각 경우에 있어서 식물과 동물이 그와 같이 활동하는 것은 형상을 발전시키고 지속시 키고 보호하기 위해서이다. 그러나 '목적으로서의 자연'은 형 상과 다른 것이 아니라, 형상을 언급하는 또 다른 하나의 방 식일 뿐이다. 아리스토텔레스는 자연이 목적이라는 의미를 가 진다는 것을 뒷받침하기 위하여 몇 개의 논증을 제시하고 있 는데, 그 중의 한 가지는 자연과 기술 간의 유비에 의한 논증 이다. "일반적으로 기술은 자연을 토대로 하여 자연이 할 수 있는 것보다 더 많은 것을 해내거나 자연을 모방한다. 그러므 로 인공물을 제작하는 과정이 목적을 따르는 것이라면, 자연 물의 변화과정도 역시 목적을 따른다. 왜냐하면 인공물이 목 적에 대해서 가지는 관계는 자연물이 목적에 대해서 가지는 관계와 동일하기 때문이다. 이 원리는 인간 이외의 다른 동물들에 대해서 생각해 보면 아주 명백해 진다. 동물들의 활동은 기술의 결과도 아니고 미리 탐구하거나 심사숙고한 결과도 아니다. 그래서 어떤 이들은 거미나 개미 따위의 활동이 지능 혹은 지능과 유사한 능력에 속해야 하는지의 의문을 제기한다. …… 거미가 거미줄을 치는 것이 자연적인 것임과 동시에 어떤 목적을 위해서라면, …… 우리가 기술했던 목적은 자연적으로 존재하게 된 사물들 안에서 작용하고 있는 것임이 명백하다. 또 '자연'이라는 말은 질료에도 적용되고 형상에도 적용되기 때문에 그리고 질료의 목적이 되는 것은 형상이고 다른 모든 것은 이 목적을 위해서 존재하고 있기 때문에, 형상은 '그것을 위하여'라는 의미를 가지고 있다는 귀결이 나온다." 아리스토텔레스는 다음과 같이 말함으로써 목적으로서의 자연에 대한 논의의 결론을 내리고 있다. "그렇다면 자연이 목적을 위해서 작용하고 있다는 것은 명백하다."

이상에서 살펴본 바와 같이 아리스토텔레스는 자연물의 존재근거로서의 자연의 의미를 사물을 존재하게 하는 내재적 원리로서의 질료, 사물을 바로 그 사물로 존재하게 하는 로고스로서의 형상, 사물을 변화하게 하는 시동원리로서의 형상, 변화의 완성 즉 변화의 목적으로서의 형상이라는 4가지 의미로 분석하고 있다. 아리스토텔레스에 의하면, 자연계의 모든 사물은 이 4가지 의미가 모두 언급되지 않고서는 완전하게 설명될 수 없다. 예를 들어 인공물인 '톱'의 존재근거는 다음과 같이 설명될 수 있다. 톱이 존재할 수 있었던 것은, (1)톱이 만들어 질 수 있었던 적절한 재료 즉 철이 있었기 때문이며 (2)그 철이 톱을 다른 사물로부터 구별시켜 주는 형상을 부여 받았기 때문이며 (3)적절한 장비를 갖고 있는 대장장이가 그 철을 톱으로 만들었기 때문이며 (4)나무를 자르는 기능을 수 행하는 도구를 만들기 위함이라는 목적이 있었기 때문이다.

6. 지금까지 살펴본 바와 같이 아리스토텔레스는 자연을 자 연물 그 자체에 내재하는 변화와 정지의 원리로서 규정하고 있다. 아리스토텔레스에 의하면, 이러한 원리가 실재한다는 것 은 명백한 경험적 사실이다. 왜냐하면 우리는 자연물이 외부 의 어떤 원리에 의해서가 아니라 그 자체의 원리에 의해서 성 장하고 쇠퇴하는 것을 경험적으로 관찰할 수 있기 때문이다.

아리스토텔레스에 있어서 모든 자연물은 질료와 형상의 결 합물이기 때문에, 변화와 정지의 원리로서의 자연은 질료나 형상 중의 어느 하나에 내재해야 한다. 아리스토텔레스는 몇 몇 근거를 제시하면서 자연을 형상으로서 이해하는 것이 보 다 더 합리적이라는 결론을 내리고 있다. 이 때 형상은 사물 의 본질에 의해서 예증되는 비례나 질서를 의미할 수도 있고, 변화를 일으키는 시동원리를 의미할 수도 있으며, 변화가 겨 냥하고 있는 목적을 의미할 수도 있다. 다른 한편으로 아리스 토텔레스는 자연이 질료로서 이해되는 것을 전적으로 배제하지는 않는다. 이때의 자연은 모든 사물의 근저에 놓여 있는 제1질료로서의 자연이 아니라, '질료 없이는 자연물이 존재할 수 없다'는 의미에서의 자연이다.

따라서 오늘날 우리가 자연적 물질이라고 일컫는 것도 아리스토텔레스의 관점에서는 질료와 형상의 결합물이다. 또한 우리가 물질 그 자체의 본성이라고 여기는 것도 아리스토텔레스의 관점에서는 물질의 형상이며, 이것이 바로 자연인 것이다. 이 때 자연은 그것이 내재해 있는 사물 안에서 가능태로서 존재할 수도 있고 현실태로서 존재할 수도 있다. 아리스토텔레스에 있어서 변화란, 가능태로서의 자연(형상)이 질료를 매개로 하여 외부의 어떤 원리에 의해서가 아니라 스스로에 의해서 현실태로서의 자연(형상)을 실현해 가는 과정을 의미한다. 이런 의미에서 물질의 변화는 질료적 필연성에 의해서 지배되는 것이 아니라, 형상의 합목적성을 따른다. 아리스토텔레스가 자연계를 합목적적인 세계로 보는 이유도 바로 여기에 있다.

자연에 대한 이와 같은 설명에도 불구하고, 아리스토텔레스가『자연학』에서 만족스럽게 해결하지 못하고 있는 문제가 한 가지 있다. 그것은 바로 이성(nous)이 자연물인가 그렇지 않은가의 문제이다. 한편으로 그는 이성을 자연물의 일부로서 간주한다. 왜냐하면 자연물인 인간이 이성을 소유하고 있기 때문이다. 다른 한편으로 그는 이성을 자연물의 일부로서 간주하지 않는다. 왜냐하면 이성은 변화의 지배를 받지 않기 때문이다. 이런 의미에서 아리스토텔레스는 『니코마코스 윤리학』제10권에서 이성을 자연적인 것이 아니라, 신적인 어떤 것이라고 말하고 있다. 순수하게 신적인 어떤 것이 있다면, 아리스토텔레스에게 있어서 그것은 '자연학'(ta physika)의 탐구대상이 아니라 '형이상학'(ta meta ta physika)의 탐구대상이 된다.

감각

1. 아리스토텔레스는 자기의 저서 『영혼론』 제2권에서 감각(aisthesis)에 대하여 매우 상세하게 논의하고 있다. 아리스토텔레스는 한편으로 모든 종류의 감각 즉 시각, 청각, 촉각, 후각, 미각을 순수하게 생리학적으로 설명한다. 오늘날 우리들에게 잘 알려져 있는 말초신경, 고막, 망막 등의 용어를 사용하고 있는 것은 아니지만, 감각의 생리학적 메커니즘에 대한 아리스토텔레스의 설명은 여러 가지 점에서 근세 이후의 감각에 대한 설명과 놀라울 정도로 유사하다. 그러나 다른 한편으로 아리스토텔레스는 생리학적 설명만으로는 감각의 개념을 온전하게 이해할 수 없다는 사실도 잘 알고 있었다. 그래서 아리스토텔레스는 감각의 개념에 대한 형이상학적 설명을 시도한다.

2. 아리스토텔레스는 『영혼론』 제2권 제5장에서 선배들의 견해를 잠정적으로 받아들이면서 감각에 대한 설명을 시작한다. 선배들의 견해란 감각이 '일종의 변화'요, '외부로부터의 영향을 받아들이는 것'이라는 것이다. 여기에서 아리스토텔레스가 염두에 두고 있는 변화란 우리 바깥에 있는 사물들이 우리의 여러 감각기관에 일으키는 변화이다. 그래서 그는 우리의 감각능력을 자극해서 활동하게 하는 사물들은 우리 바깥에 있다고 말하고 있다.

감각은 한 쌍의 힘 즉 영향을 미칠 수 있는 힘과 영향을 받아들일 수 있는 힘이 상호 작용함으로써 발생한다. 이 두 힘은 서로 어울리는 힘이어야 한다. 왜냐하면 마늘 가까이에 있는 한 조각의 두부가 마늘의 향기에 의하여 영향을 받을 수는 있지만, 우리는 두부가 마늘을 감각한다고는 말하지 않을 것이기 때문이다. 즉 영향을 미치는 마늘과 영향을 받아들이는 두부는 감각을 발생시키기에 서로 어울리는 한 쌍의 힘이 아닌 것이다. 그 반면에 인간을 포함하는 어떤 동물이 마늘의 향기로부터 영향을 받을 때, 우리는 그 동물이 마늘의 냄새를 감각한다고 말한다. 그렇다면 이 두 경우의 차이는 영향을 받아들이는 두부와 동물의 차이일 수밖에 없다. 아리스토텔레스는 이 두 경우의 차이를 다음과 같이 설명하고 있다. 동물은 영향을 미치는 사물로부터 그 사물에 속해 있는 '감각적 형상'(aisthetos eidos)을 받아들일 수 있지만, 무생물은 똑같은 감각적 형상의 영향을 받아들임에도 불구하고 비감각적 변화만을 일으킬 뿐이다. 감각적 형상에는 시각적 형상, 청각적 형상, 촉각적 형상, 후각적 형상, 미각적 형상 등이 있다. 이처럼 아리스토텔레스는 감각이 일종의 변화라는 선배들의 견해를 받아들이면서 그 변화가 어떤 변화인지에 대해서는 자신의 형이상학적 개념인 형상(形相)으로 설명하고 있다.

계속해서 아리스토텔레스는 『영혼론』 제2권 제7장~제11장에서 각각의 감각기관이 바깥 사물들의 영향을 어떻게 받아들이는지를 설명한다. 이 때 아리스토텔레스가 강조하고 있는 것은 상이한 종류의 각 사물이 모종의 중간매체를 통하여 감각기관에 영향을 미친다고 하는 것이다. 가령 시각적 형상인 색깔은 공기와 같이 투명한 어떤 것에 변화를 일으키며, 이러한 변화는 차례로 눈에 변화를 일으킨다. 여기에서 아리스토텔레스가 말하고 있는 '투명한 어떤 것'은 스스로 존재하는 것이 아니라 언제나 다른 어떤 것 안에서 가능태로 존재하고 있다. 이 다른 어떤 것의 예로는 공기, 물, 에테르 등을 들 수 있다. 따라서 시각의 경우 공기 이외에 물, 에테르 등도 중간매체가 될 수 있음을 알 수 있다. 그리고 이 '투명한 어떤 것'의 현실태가 바로 빛이요, 이 빛의 없음 즉 '투명한 어떤 것'이 가능태로만 존재하고 있음이 곧 어둠이다. 소리(청각적 형상)를 내는 사물은 공기 덩어리를 움직이게 하고, 이것은 차례로 청각기관에 영향을 미친다. 냄새(후각적 형상)를 풍기는 것들은 공기나 물을 통하여 후각기관에 영향을 미친다. 맛(미각적 형상)을 내는 사물과 촉각적 사물은 혀와 피부를 통하여 미각기관과 촉각기관에 영향을 미친다. 혀와 피부는 그 자체 미각기관혹은 촉각기관이 아니며, 이 기관들은 살 내부의 어딘가에 자리 잡고 있다. 혀와 피부가 그 자체 감각기관이 아님을 아리스토텔레스는 다음과 같이 논증하고 있다. 일반적으로 공기와물이 시각기관, 청각기관, 후각기관과 관련되어 있듯이, 혀와피부는 미각기관, 촉각기관과 관련되어 있다. 그러나 시각과청각과 후각의 경우에는 감각대상이 감각기관에 직접 접촉한다고 해서 감각이 발생하지는 않는다. 가령 하얀 물체를 눈의표면에 놓는다 할지라도 감각은 발생하지 않을 것이다. 따라서 미각대상과 촉각대상에 대한 감각능력이 살 내부에 있다는 것이 분명해진다.

3. 이러한 설명을 마친 후에 『영혼론』 제2권 제11장의 말미에서 아리스토텔레스는 과연 감각이 무엇인지에 대한 자신의의견을 개진하고 있다. 여기에서 아리스토텔레스는 자신의 고유한 관점에 입각하여 감각을 형이상학적으로 다음과 같이정의하고 있다. 감각이란 우리 외부에 있는 감각적 사물의 영향을 받아 감각능력 안에 이미 가능태로 존재하고 있던 감각적 형상이 현실태로 존재하게 되는 하나의 과정이다.

아리스토텔레스의 존재론 내지 형이상학에서 가장 중요한

개념은 '질료-형상'과 '가능태-현실태'이다. 엄밀하게 말하자면 질료로서의 존재, 형상으로서의 존재, 가능태(可能態)로서의 존재, 현실태(現實態)로서의 존재 등으로 표현해야 한다. 아리스토텔레스에 의하면, 질료가 형상을 받아들임으로써 실재세계가 구성된다. 따라서 질료와 형상은 실재세계의 구성적 원리로서 정적(靜的)인 원리라고 할 수 있다. 그러나 아리스토텔레스는 실재세계의 동적(動的)인 구조를 설명하기 위해서 '가능태-현실태'라는 양상적(樣相的) 원리를 도입하지 않을 수 없었다. 물론 아리스토텔레스가 형상을 하나의 운동 원리로서 인정한 것도 사실이지만, 그 때의 형상은 이미 현실태로서의 형상이요, 따라서 이런 의미의 형상에 대립하는 것은 질료가 아니라 가능태로서의 형상이다. 질료 역시 가능태로서의 질료와 현실태로서의 질료가 서로 대립한다.

아리스토텔레스는 '가능태'라는 말의 두 가지 의미를 구별하고 있다. 첫 번째 의미는 소년을 장군의 가능태라고 말하는 경우처럼 '질적 변화'와 동시에 '양적 변화'를 일으키는 가능태이다. 이 때 가능태로서의 형상이 현실태로서의 형상으로 변화함과 동시에 가능태로서의 질료도 현실태로서의 질료로 변화한다. 그 반면에 두 번째 의미는 감각능력이 감각대상의 가능태라고 말하는 경우처럼 '질적 변화'만을 일으키는 가능태이다. 이때는 질료의 변화 없이 가능태로서의 형상이 현실태로서의 형상으로 변화한다. 이런 의미에서 감각기관의 감각능력은 감각적 사물의 감각적 형상과 같다. 아리스토텔레스는 감각에 대한 이러한 설명이 다른 어떤 설명보다도 설득력이 있다고 확신한다.

4. 아리스토텔레스는 감각기관과 감각능력의 관계에 대하여 『영혼론』 제2권 제12장에서 다음과 같이 말하고 있다. "감각능력은 근본적으로 감각기관 안에 내재한다. 그것들은 같지만, 그것들의 존재방식(to einai)은 다르다. 왜냐하면 감각주체인 감각기관은 공간적 크기를 가지지만, 감각능력은 공간적 크기를 가지지 않기 때문이다. 감각능력은 일종의 형식이며 감각주체인 감각기관의 가능태이다."

여기에서 '존재방식'으로 번역된 '토 에이나이'는 그 의미가 다양하다. 이 표현은 아리스토텔레스의 저작에서 종종 찾아볼 수 있는 표현이다. 『형이상학』에는 "올라가는 길과 내려가는 길은 같지만, 그것들의 '토 에이나이'는 다르다."는 표현이 나온다. 이 말은 같은 길이 올라가는 사람과 내려가는 사람에게 각각 다른 의미로 존재한다는 것을 가리킨다. 또 『니코마코스 윤리학』 제6권에는 "정치적 지혜와 실천적 지혜는 같은 습성(마음의 상태)이지만, 그것들의 '토 에이나이'는 다르다."는 표현이 나온다. 이 말은 정치적 지혜와 실천적 지혜가 습성으로서 존재할 적에는 똑같은 하나의 습성이지만, 그 습성이 발휘되는 영역에 따라 다른 의미로 존재한다는 것을 가리킨다. 『니코마코스 윤리학』 제5권에는 "정의와 덕은 서로 같은 것이지만, 그것들의 '토 에이나이'는 다르다. 즉 타인과의 관계에 있어서는 정의인 것이 무조건적으로 하나의 습성인 한에 있어서는 덕이다."는 표현이 나온다. 다시 말해서 똑같은 덕이 타인과의 관계에 중점을 두고 있을 때에는 그렇지 않을 경우와 다른 의미로 존재한다는 것을 가리킨다. 또 『영혼론』 제3권에는 "현실태로 존재하고 있는 회피나 욕구는 똑같은 것이다. 그리고 회피능력과 욕구능력은 서로 다르지 않으며 또한 감각능력과도 다르지 않다. 그러나 '토 에이나이'는 다르다."는 표현이 나온다.

그렇다면 감각능력과 감각기관이 같은 것이지만 그것들의 '토 에이나이'는 다르다는 말의 의미는 무엇인가? 아리스토텔레스는 감각주체인 감각기관이 공간적 크기를 가지는 반면에 감각능력은 그렇지 않다는 점에서 각각 다른 방식으로 존재한다고 말하고 있다. 문제는 감각기관과 감각능력이 어떤 의미에서 같은 것인가이다. 아리스토텔레스는 감각능력이 감각기관 안에 내재하기 때문에 양자는 같은 것이라고 말하고 있다. 이 말은 감각능력이 감각기관 없이 스스로 존재할 수 없다는 것과 감각기관에 감각할 수 능력이 결여된다면 감각기관이 감각기관으로서의 기능을 수행할 수 없다는 것을 의미한다.

5. 아리스토텔레스에 의하면 우리가 어떤 것을 감각할 수 있는 것은 색(시각적 형상), 맛(미각적 형상), 소리(청각적 형상) 등과 같은 감각적 형상들이 사물이기 때문이 아니라, 그 감각적 형상들이 사물에 속해 있기 때문이다. 즉 감각적 형상들은 담지자 없이 그 자체로서 존재할 수 없다. 그런데 우리는 사물의 '감각적 형상'과 사물의 '형상'을 혼동해서는 안 된다. 가령 나무의 감각적 형상은 우선 특정한 하나의 사물로서의 나무의 겉모양에서 드러나고, 다음으로 적절한 위치에서 나무를 바라보는 사람에게 특정한 하나의 사물로서의 나무를 감각하게 하는 나무의 능력에서 드러난다. 이와는 대조적으로 나무의 형상은 나무의 본성 내지 본질이다. 물론 감각적 형상 그 자체도 형상이 표현되는 방식 중의 하나이다. 그러나 나무의 본성 혹은 본질이 겉모양에서 다 드러나는 것은 아니다. 특정한 사물로서의 나무로 존재하기 위해서는 내 눈으로 들어오는 것 이상의 그 무엇이 있어야 한다. 그것은 바로 나무가 그 나무를 감각하는 사람의 심적 상태와 구조적으로 유사하다는 것이다. 만약 나무가 그 나무를 바라보고 있는 사람의 감각적 상태와 구조적으로 전혀 유사하지 않다면, 그 사람의 심적 상태를 나무에 대한 감각이라고 말할 이유가 전혀 없을 것이다. 아리스토텔레스가 사물의 '감각적 형상'이라는 말을 사용한 이유는 바로 이 구조적 유사성을 보여주기 위해서였다.

우리가 세계의 한 부분을 감각적으로 알게 되었을 때, 우리는 의식상태의 운동변화(kinesis)를 경험하게 된다. 가령 나무를 바라볼 때, 우리 자신이 나무를 바라보고 있음을 의식하게 된다. 이와 같은 의식상태의 운동변화를 설명하기 위해서는 우리 외부에서 그러한 운동변화를 일으킨 것 즉 우리가 감각하고 있는 대상이 있어야 한다.

아리스토텔레스에 의하면, 운동변화를 일으키는 것은 운동변화가 일어나는 것의 외부에 있으며 이미 형상을 가지고 있다. 운동변화란 형상을 가능태로 가지고 있는 어떤 것이 운동변화를 일으키는 것에 의하여 바로 그 가능태로서의 형상을 현실태로서의 형상으로 바꾸는 하나의 과정이다. 이와 같은 아리스토텔레스의 운동변화이론을 감각에 적용해 보기로 하자. 감각하게 하는 것(감각대상)은 감각능력이 받아들일 수 있는 감각적 형상을 이미 가지고 있다. 가령 우리가 바라보는 나무는 나무의 감각적 형상을 가지고 있으며, 이 형상이 우리의 시각능력으로 하여금 나무의 시각적 형상을 받아들이게끔 하는 것이다.

6. 감각할 수 있다는 것은 감각대상에 대하여 판단하고 평가할 수 있다는 것을 의미한다. 그렇다면 식물은 왜 감각할 수 없는가? 아리스토텔레스는 『영혼론』 제2권 12장에서 다음과 같이 말하고 있다. "식물들이 영혼의 일부분을 가지고 있고 또한 촉각대상들로부터 어떤 영향을 받음에도 불구하고

왜 감각하지 않는가 하는 것이 분명해진다. 그것들은 감각대상들의 형상을 수용할 수 있는 제일원리도 가지지 않으며 형상뿐만 아니라 질료에 의해서도 영향을 받기 때문이다." 여기에서 알 수 있듯이 식물은 질료 없이는 사물의 감각적 형상을 받아들일 수 없다. 그리고 식물에게는 중간자가 없다. 아리스토텔레스에게 있어서 중간자란 뜨겁거나 붉게 될 수 있는 능력을 말한다. 이 능력을 결여하고 있다는 것은 식물에게 판단하고 평가할 수 있는 감각 능력이 없다는 것을 의미한다.

7. 아리스토텔레스의 감각 개념은 오늘날 우리가 사용하는 용어 즉 '작용'과 '활동'의 구별과 관련하여 매우 중요한 것을 시사해 주고 있다. 아리스토텔레스의 정의를 따라 감각이 현실적으로 존재하게 되었을 때, 우리는 비로소 '감각이 있다' 혹은 '감각한다.'라고 말한다. 이 때 감각이란 감각기관에 혹은 감각기관 안에 내재해 있는 감각능력에 가능태로 존재하고 있던 감각적 형상이 감각대상인 사물에 속해 있는 감각적 형상의 영향을 받아 현실태로 존재하게 되는 과정을 의미한다. 그런데 이 과정은 신체 안에서 일어나는 일련의 생리적(기계적) 사건으로 간주될 수도 있고 마음 안에서 일어나는 정신적(심리적) 사건으로 간주될 수도 있다. 이 문제는 아리스토텔레스 이후 철학의 역사가 진행되는 가운데 끊임없이 논의되어온 문제이다. 가능태로 존재하고 있던 감각적 형상이 현실

태로 존재하게 되는 과정을 신체 안에서 일어나는 일련의 생리적(기계적) 사건으로 보는 사람들은 감각이 현실적으로 존재하게 되었을 때 그것을 감각작용으로 명명해야 할 것이다. 그 반면에 그 과정을 마음 안에서 일어나는 정신적(심리적) 사건으로 보는 사람들은 감각활동으로 명명해야 할 것이다. 작용과 활동은 둘 다 운동의 형식들이다. 물론 필자의 이러한 구별은 기계적이고 수동적인 운동과정으로서의 '작용'과 주체적이고 능동적인 운동과정으로서의 '활동'의 구별에 기초해 있다.

삼단논법

1. 소크라테스는 우리 자신의 무지(無知)를 자각하는 것이 진리획득의 필수적인 과정이라고 주장하였다. 또한 그는 겸허한 마음가짐으로 타인과의 대화에 임할 때에 진리에 도달할 수 있다고 생각하였다. 이 때 대화는 개별적인 사례로부터 출발해서 보편적인 결론에 도달하게 된다. 소크라테스에 의하면, 진리에 도달한다는 것은 거듭되는 질문을 통하여 인간의 마음 안에서 휴면중인 진리를 깨우는 것이요, 인간의 정신으로부터 진리를 낳게 하는 것이다. 소크라테스는 이러한 과정을 스스로 산파술이라고 하였으며, 우리는 소크라테스의 진리탐구방법을 대화법이라고 부른다.

플라톤은 진리인식에 두 방향이 있다고 생각하였다. 하나는 위로부터 아래로 내려가는 방향이요, 다른 하나는 그 반대방향이다. 전자는 유개념(類概念)을 종개념(種概念)으로 분할하

는 것이요, 후자는 개별적 사물들에 대한 개념들을 종합하면
서 최고류개념에 도달하는 것이다. 후자는 사실 소크라테스의
대화법과 유사한 것이다. 따라서 플라톤의 고유한 진리탐구방
법은 분할법이라고 할 수 있다. 사람과 사람의 대화를 통해서
진리에 도달할 수 있다고 생각한 소크라테스와는 달리 플라
톤은 개념을 논리적으로 분류함으로써 혹은 자문자답을 통해
서 진리에 도달하는 방법을 제안하고 있다.

아리스토텔레스는 소크라테스의 대화법이나 플라톤의 분할
법으로는 진리에 도달할 수 없다는 문제의식에서 출발한다.
아리스토텔레스에 의하면, 진리는 논리적 증명을 통해서 획득
된다. 물론 그는 귀납법도 중요하다는 것을 알고 있었지만,
보편적 진리로부터 개별적 지식을 이끌어 내는 방법이 보다
더 확실한 지식을 가져다 줄 것이라고 생각하였다. 이 방법이
바로 삼단논법이다. 중세에는 아리스토텔레스의 삼단논법이
신학적 명제를 증명하기 위한 수단이었기 때문에 아리스토텔
레스에게 엄청난 의미를 부여하기도 하였다. 이후 아리스토텔
레스의 삼단논법은 약 2천 년 동안 거의 아무런 변화도 없이
그 권위를 인정받아 왔다.

이처럼 아리스토텔레스의 논리학 특히 그의 삼단논법이 서
양지성사에 미친 영향은 지대하다. 이와 같은 역사적 지위는
아리스토텔레스의 논리학을 과대평가하는 결과를 낳기도 하
였다. 가령 18세기 독일의 철학자 칸트(I. Kant)는 아리스토텔레

스가 논리학에 관한 모든 것을 발견했다고 생각하여 자기의 저서 『순수이성비판』의 서문에서 아리스토텔레스의 논리학은 일보도 전진하지 않았고 일보도 후퇴하지 않았다고 말했으며, 19세기 독일의 논리학사가(史家)였던 프란틀(K. v. Prantl)은 자기의 저서 『서양논리학사』에서 아리스토텔레스 이후에 새로운 것을 발견했다고 말했던 모든 논리학자는 어리석은 사람들이라고 주장하기도 했다. 그러나 프레게(G. Frege)가 정식화하고 러셀(B. Russell)에 의해서 그 진가가 인정된 소위 현대의 기호 논리학이 아리스토텔레스의 논리학에 도전장을 던지게 된다. 이 무렵 아리스토텔레스의 논리학은 전통적 형식논리학으로 혹은 개념논리학으로 분류되면서 새롭게 등장한 기호논리학 특히 명제논리학과 양립할 수 없는 경쟁관계에 있었지만, 최근에는 그러한 경쟁관계를 청산하고 기호논리학의 여러 기법들을 아리스토텔레스의 이론에 적용하는 사례가 늘고 있는 추세이다. 그러나 현대논리학의 관점에서 조명되고 해석되는 과정에서 '아리스토텔레스 자신의 논리학'이 여러 가지 형태로 각색되어 우리들에게 전달되고 있다

2. 아리스토텔레스에 의하면, 인간은 자연으로부터 '로고스'(logos)를 부여받은 존재이다. 이 때 로고스란 '언어를 사용할 수 있는 능력'을 의미한다. 따라서 인간은 언어를 사용하여 생각할 수 있으며, 생각한 것을 말이나 글로 표현할 수 있

는 능력을 갖고 있다. 그러나 이런 능력을 갖고 있다는 사실이 그런 능력을 언제나 올바르게 발휘한다는 것을 의미하지는 않는다. 그래서 아리스토텔레스는 생각의 내용이 말이나 글로 올바르게 표현될 수 있기 위하여 마땅히 따라야 할 원리(동일률, 모순율, 배중률 등)와 규칙(환위규칙, 삼단논법의 타당성 확인규칙 등)을 제시하였다. 후대의 학자들은 이러한 원리와 규칙을 연구하는 학문에 '논리학'(logic)이라는 명칭을 부여하게 된다. 아리스토텔레스의 논리학은 큰 틀에서의 변화는 없었지만 매우 세련된 형태로 변형되어 우리들에게 전해져 오고 있다.

오늘날 학문의 영역에서와 마찬가지로 일상생활에서 우리가 자주 사용하는 '논리적'이라는 말도 결국은 우리의 생각이 마땅히 따라야 할 원리와 규칙을 위반하지 않으면서 말이나 글로 표현되고 있음을 의미한다. 여기에서 한 가지 주의할 것이 있다. 그것은 '논리'라는 말이 스스로 존재할 수 없다는 사실이다. 이 말이 존재하기 위해서는 이 말을 술어로서 혹은 본질적 속성으로서 받아들일 담지자(擔持者)를 필요로 한다. 이 담지자가 바로 말과 글이다. 말과 글을 담지자로 하여 우리는 '이 글(말)은 논리적이다.' 혹은 '이 글(말)에는 논리가 있다.'라고 표현할 수 있는 것이다. 이것은 마치 '이성'이라는 말이 스스로 존재할 수 없고 '인간'을 담지자로 하여 '인간은 이성적이다.'라고 표현하는 것과 마찬가지이다.

3. 아리스토텔레스는 삼단논법의 개념을 정의하기 전에, 삼단논법 이론을 다루고 있는 자기의 저서『분석론 전서』의 탐구주제가 필증적 인식(必證的 認識, apodeiktike episteme)임을 그 초두에서 선언하고 있다. 아리스토텔레스에 있어서 어떤 사람이 필증적 인식을 소유하고 있다는 것은, 그 사람에게 필증적으로 논증할 수 있는 능력이 있다는 것을 의미한다. 그러나 아리스토텔레스는 필증적 인식에 대하여 논의하기 전에 자기의 삼단논법 이론을 제시하고 있다. 우리는 이 점에 주목할 필요가 있다. 왜냐하면 여기에서 아리스토텔레스는 삼단논법에 관한 연구가 필증적 인식을 획득하기 위한 수단임을 암시하고 있기 때문이다.

현대논리학에서는 삼단논법의 추상적 형식을 그 실질적 내용으로부터 구별하지만, 아리스토텔레스는 삼단논법의 전제들을 필증적인(apodeiktike) 전제와 변증적인(dialektike) 전제로 구분하고 있다. 이러한 구분의 기준은 확실성의 정도에 있다. 필증적 전제는 필연적으로 참일 뿐만 아니라 언제나 긍정인 명제이다. 여기에 반하여 변증적 전제는 확실성의 징표가 없이 참이라고 가정된 전제일 뿐이다. 아리스토텔레스는 필증적 전제의 본성과 필증적 전제로부터 출발하는 삼단논법에 대해서는『분석론 후서』에서 논의하고 있으며, 변증적 전제의 본성과 변증적 전제로부터 출발하는 삼단논법에 대해서는『변증추리론』에서 논의하고 있다.『분석론 전서』에서는 전제의 본성과는 상관없이 삼단논법의 일반적 형식을 분석하고 있다.

아리스토텔레스는 『분석론 전서』 제1권 제1장에서 삼단논법의 개념을 정의하기 전에 삼단논법의 전제를 양(量)과 관련하여 전칭, 특칭, 부정칭으로 분류하고 있다. 그러나 『명제론』제7장에서는 전제가 전칭, 특칭, 단칭으로 분류되고 있다. 따라서 오늘날 형식논리학 교과서에 소개되고 있는 판단분류는 『분석론 전서』가 아니라 『명제론』에 근거하고 있음을 알 수 있다. 『분석론 전서』에서 아리스토텔레스는 판단의 주어가 전칭인지 단칭인지를 무시하고 있으며, 부정칭으로 단칭을 의미하고 있는 것도 아니다. 실제로 『분석론 전서』에는 단칭의 예가 하나도 없다. 삼단논법의 전형적인 예로서 오늘날까지도 전해져 오고 있는 추론형식(여기에는 단칭이 포함되어 있다) 즉 '모든 사람은 죽는다. 소크라테스는 사람이다. 그러므로 소크라테스는 죽는다.'라는 것도 삼단논법이론을 전개하고 있는 『분석론 전서』에는 나오지 않는다. 그 추론형식은 아마도 중세기의 어느 학자가 아리스토텔레스의 삼단논법을 학생들에게 가르치기 위한 교과서를 만들면서 지어낸 것으로 추정된다.

4. 폴란드 출신의 현대논리학자 타르스키(A. Tarski)는 아리스토텔레스의 논리학을 포함한 거의 모든 전통적 논리학이 집합간의 기본적 관계에 관한 이론으로 환원될 수 있다고 주장하였다. 타르스키의 견해에 동조하여 집합논리학자들은 아

리스토텔레스의 이론 내에서 단칭전제와 전칭전제가 대등한 관계를 가지는 것으로 해석하는 것이 자연스럽다고 주장한다. 따라서 단칭전제와 전칭전제는 주사(主辭)의 본성만 서로 다를 뿐이고 계사(繫辭)와 술사(述辭)의 기능은 동일하다는 것이다. 그러나 '모든 S는 P이다'라는 전제형식에서 S와 P가 각각 집합의 명칭이고 계사가 '~에 포함된다는 관계'를 표현하는 것이라면, S는 단칭사로 대체될 수 없다. 왜냐하면 만약 S가 단칭사로 대체된다면, '~에 포함된다는 관계'는 '~의 원소라는 관계'로 바뀌어야 하기 때문이다. 가령 '모든 사람은 죽는다.' 라는 전제는 '사람'의 집합이 '죽는 것'의 집합에 포함되는 것으로 해석될 수 있지만, '소크라테스는 사람이다'라는 전제는 소크라테스가 '사람'이라는 집합의 원소로 해석되어야 한다. 따라서 단칭전제와 전칭전제의 계사는 동일한 기능을 가지는 것이 아니며, 이 때문에 양자가 대등한 논리적 구조를 가진다고 볼 수도 없다. 또한 집합논리학자들에 의하면, 모든 전칭사(全稱辭)는 아무런 의미의 변화도 없이 주사가 될 수도 있고 술사가 될 수도 있다. 그러나 '모든 S는 P이다'라는 전제형식에서 S가 공통적 속성에 의해서 다른 개체들과 구별되는 어떤 개체들을 언급하고 있는 것으로 해석된다면 그리고 계사가 서술어이고 술사가 개체의 속성을 표현하고 있다면, S와 P는 의미의 변화 없이 상호 교체되는 것이 불가능하다. 가령 '모든 한국인은 지성인이다'라는 전제의 경우에는 '모든 대구시

민은 한국인이다' 혹은 '모든 지성인은 교양인이다'라는 전제처럼 주사가 술사로 될 수도 있고 그 역도 성립한다. 그러나 '모든 한국인은 부지런하다'라는 전제의 경우에는 '모든 부지런함은 덕이다'라는 전제처럼 술사가 주사로 될 수는 있지만 어떤 개체의 속성으로서 기능했던 원래의 의미는 이미 상실되고 만다. 아리스토텔레스는 전칭사의 논리적 기능이 이중적임을 잘 알고 있었다. 주사로서의 기능은 개체를 명명하는 것이요, 술사로서의 기능은 개체에 속하거나 속하지 않는 것을 가리키는 것이다. 오늘날의 집합논리학과 술어논리학은 이 중에서 후자의 기능만을 다루고 있을 뿐이다.

이상의 논의에서 알 수 있듯이, 아리스토텔레스가 분석한 전제의 논리적 의미를 현대논리학의 관점에서 해석하는 것은 정당하지 않을 수도 있다. 적어도 아리스토텔레스의 논리학을 집합논리학으로 환원해서 해석하는 데에는 무리가 따른다는 점을 지적하지 않을 수 없다.

5. 오늘날 우리가 일본학자들의 한자조어(漢字造語)를 따라 '삼단논법'이라고 번역해서 사용하고 있는 말의 그리스어는 '쉴로기스모스'(syllogismos)이다. 현대 영국의 철학자 러셀(B. Russell)은 1945년에 출판된 자기의 유명한 저서 『서양철학사』에서 아리스토텔레스의 삼단논법에 대하여 다음과 같이 해설하고 있다. "삼단논법은 대전제, 소전제, 결론의 세 부분으로

이루어지는 하나의 논증이다. 많은 종류의 삼단논법이 있으며, 각 삼단논법에는 중세 스콜라철학자들에 의하여 부여된 명칭이 있다. '바바라'(Babara)라고 명명되는 삼단논법이 우리에게 가장 잘 알려져 있는 삼단논법이다." 또한 현대 미국의 논리학자인 코피(I. Copi)도 두 개의 전제로부터 결론이 추리되는 연역적 추론을 삼단논법이라고 명명하고 있으며, 역시 현대 미국의 논리학자인 바움(R. Baum)도 정확히 세 개의 진술로 구성되어 있는 논증이 삼단논법이라고 규정하고 있다. 만약 러셀이나 코피, 바움 등의 해설이 옳다면, 아리스토텔레스가 원래 사용한 그리스어 쉴로기스모스를 '삼단논법'(三段論法)이라고 새기는 관례는 별 무리가 없어 보인다. 그러나 현대 미국의 논리학자인 코코란(J. Corcoran)은 1974년에 발표한 그의 논문에서, 아리스토텔레스가 여러 곳에서 두 개의 전제를 지닌 경우에만 한정시켜 쉴로기스모스라는 용어를 사용하고 있는 사실을 인정하면서도 아리스토텔레스의 쉴로기스모스는 두 개의 전제를 지닌 추론들에만 한정되는 것이 아니라고 주장한다. 코코란은 추론부에 오직 두 개의 전제와 하나의 결론만을 갖는 쉴로기스모스를 협의의 쉴로기스모스로 약정하고, 오늘날의 '연역'의 개념에 상응하는 쉴로기스모스의 의미를 광의의 쉴로기스모스라고 약정한다. 코코란의 정의를 따르자면, 광의의 쉴로기스모스는 반드시 두 개의 전제를 가지는 것은 아니기 때문에 우리가 사용하는 삼단논법이라는 역어는 적절하지 않다.

6. 그렇다면 과연 쉴로기스모스는 무엇인가? 아리스토텔레스 자신은 『분석론 전서』에서 쉴로기스모스를 다음과 같이 정의하고 있다. "쉴로기스모스란 어떤 것들이 진술되고 있을 적에 그것들이 그렇게 진술되고 있음으로 해서 그것들과는 다른 어떤 것이 필연적으로 도출되는 논법이다." 아리스토텔레스의 이러한 정의는 현대논리학에서의 '타당한 연역논증'에 대한 정의와 유사해 보인다. 그러나 현대논리학에서의 타당한 연역논증에는 쉴로기스모스만 있는 것이 아니다. 어원적으로 쉴로기스모스는 '함께(syn) 추론함(logismos)'을 의미한다. 따라서 어원적 의미를 감안할 경우에도 삼단논법이라는 역어(譯語)는 아리스토텔레스의 정의에 부합하기 어렵다. 아리스토텔레스의 정의의 핵심은 '필연적으로 도출된다.'는 것에 있다. 이것은 현대논리학의 '논리적 귀결'이라는 개념에 상응한다. 이 점에서 아리스토텔레스의 정의는 현대논리학에서 '연역'이라고 부르는 것의 정의와 유사하다. 왜냐하면 전제로부터 결론이 필연적으로 도출될 때, 현대논리학에서는 그것을 연역이라고 명명하기 때문이다. 그러나 연역도 아리스토텔레스의 쉴로기스모스와 정확하게 일치하는 것은 아니다. 왜냐하면 아리스토텔레스는 필연적으로 도출되는 것이 전제되고 있는 것과는 다른 것이어야 한다고 말함으로써 결론이 전제들 중의 어느

하나와 동일한 논증을 배제하고 있는 반면에, 현대논리학의 연역적 타당성 개념은 그러한 논증도 타당한 것으로 간주하기 때문이다. 그리고 아리스토텔레스의 정의에는 전제들의 수에 대하여 아무런 제한이 없다. 그렇다면 추론부의 명제의 수를 예상하게 하는 '삼단논법'이라는 역어가 적절하지 않음을 알 수 있다.

앞에서도 지적했듯이 쉴로기스모스에 대한 아리스토텔레스의 정의에서 가장 중요한 것은 필연적으로 도출된다는 말이다. 아리스토텔레스 자신은 이 말의 의미에 대하여 전혀 언급하지 않는다. 현대논리학에서는 논리적 필연성을 의미론적(semantical) 필연성과 통사론적(syntactical) 필연성으로 구별한다. 만약 전제들이 참이라면 결론도 틀림없이 참이어야 할 경우에, 결론은 전제(들)로부터 필연적으로 도출되는데 이때의 필연성이 바로 의미론적 필연성이다. 여기에 반하여 통사론적 필연성은 일련의 규칙에 의하여 전제(들)로부터 결론에로의 필연적 이동을 가능하게 하는 필연성을 가리킨다.

7. 우리는 현대논리학의 다양한 기법들이 이미 아리스토텔레스의 삼단논법 이론에서 싹트고 있음을 목격할 수 있다. 특히 '범주화'라는 용어로 명제의 논리적 구조를 설명하는 대목에서 우리는 현대 영국의 수학자이자 논리학자였던 부울(G. Boole)의 명제해석과 유사한 그 무엇을 발견할 수 있다. 이런

관점에서 보면 현대논리학은 새로운 논리학이 아니라 아리스토텔레스의 논리학을 발전시킨 것이요, 따라서 아리스토텔레스 이후에 새로운 것을 발견했다고 말했던 모든 논리학자는 어리석은 사람들이라는 프란틀의 선언이 논리학의 영역에서 아리스토텔레스가 이룩한 업적을 단순히 과대평가한 것만은 아닌 것으로 보인다.

인식

1. 아리스토텔레스는 자기의 저서 『형이상학』의 첫 머리에서 '모든 인간은 본성상 알고자 한다.'고 말하고 있다. 이것은 곧 인간에게만 앎의 특권이 주어져 있다는 것을 의미한다. 그러나 이 특권은 그야말로 주어져 있을 뿐 그것을 어떻게 행사할 것인가는 인간에게 과(課)해져 있다. 그 특권을 올바르게 행사했을 때 인간은 진리로서의 앎을 향유함과 동시에 자기의 본성을 실현하는 셈이 될 것이다. 그러나 그것을 바르지 못하게 행사했을 때는 허위와 오류에 빠지고 만다. 바로 여기에 앎이 철학적으로 문제가 되는 이유가 있다. 왜냐하면 앎의 특권이 올바르게 행사되기 위해서는 올바른 앎이 어떤 앎인지를 알아야 하기 때문이다.

아리스토텔레스는 우리가 어떤 사물 내지 사태의 존재이유나 설명방법을 알 때에 그 사물이나 사태를 올바르게 안다고 하면서 이러한 앎을 '인식'(episteme)이라고 부른다. 따라서 가령 맹박이가 A라는 병에 걸렸을 때 B라는 처방을 하니까 나았다는 것을 알았다 하더라도, 왜 B라는 처방이 그 병을 낫게 했는가를 설명하지 못한다면 그러한 앎은 인식이 될 수 없다. 그렇다면 우리는 어떤 방법으로 사물이나 사태를 인식할 수 있을까? 아리스토텔레스에 의하면 그것은 보편적 진리로부터 개별적 지식을 이끌어 내는 논리적 절차인 삼단논법(syllogismos)에 의해서만 가능하다. 예를 들어 'A라는 병에 걸린 모든 사람은 B라는 처방을 하면 낫는다. 맹박이는 A라는 병에 걸린 사람이다. 그러므로 맹박이는 B라는 처방을 하면 낫는다.'와 같은 삼단논법에 의해서 B라는 처방이 A라는 병을 낫게 한다는 것을 아는 경우이다. 그러나 우리가 사물이나 사태를 인식하기 위해서는 왜 A라는 병에 걸린 모든 사람이 B라는 처방을 하면 낫는가라고 물어야한다.

2. 아리스토텔레스는 『분석론 후서』에서 '인식'의 특징을 다음과 같이 규정한다. 인식은 어떤 것에 대하여 그것이 왜 그러한가를 설명할 수 있는 지식 즉 '사물이나 사태의 존재근거(aitia)에 관한 지식'이며, 사물이나 사태가 반드시 그럴 수밖에 없다는 지식 즉 '필연적 지식'이다. 가령 동물학자는 소가 왜 네 개의 위를 가지는가를 설명할 수 있고, 소는 필연적으로 네 개의 위를 가질 수밖에 없다는 것을 알 때에 소에 관한

인식을 획득한다. 그런데 인식이 성립하기 위해서는 미리 알고 있어야 하는 지식이 있다. 아리스토텔레스는 그것을 제1원리들(archai) 이라고 부르면서, 그 예로서 공리(公理)나 정의(定義) 등을 들고 있다. 제1원리들은 너무나 자명(自明)해서 그렇지 않다는 것을 강력하게 증명할 수 있는 사람이 없다면 모든 사람이 참인 것으로 받아들이게 될 지식을 말한다. 이와 같은 제1원리들로부터 출발해서 사물이나 사태를 인식하게 하는 일련의 논리적 과정을 아리스토텔레스는 '필증적 삼단논법'(apodeixis)이라고 부른다. 인식은 필증적 삼단논법을 통해서 획득된 지식이기 때문에 필연적으로 참일 수밖에 없는 지식이다. 같은 맥락에서 『니코마코스 윤리학』에서는 인식이 '필증적 삼단논법의 능력을 구비하고 있는 마음의 상태'(apodeiktike hexis)로서 정의되고 있다.

그런데 아리스토텔레스에 의하면, 제1원리들은 그 자체 자명한 지식이기 때문에 직접적이고 일차적인 지식이다. 만약 그렇지 않다면 제1원리들이 추론될 수 있는 앞선 지식이 있을 것이며, 이와 같은 과정은 무한히 반복되어야 할 것이기 때문이다. 그렇게 되면 제1원리들은 제1원리가 되지 못할 것이다. 그리고 제1원리들은 결론보다 더 잘 알려져 있고 결론보다 앞서 존재하고 있어야 한다. 이 말은 '우리와의 관계에 있어서' 그렇다는 것이 아니라 제1원리들의 본성이 그렇다는 것을 의미한다. 아리스토텔레스에 의하면, 우리와의 관계에 있어서 앞서 존재하는 것은 우리의 '감성적 지각'(aisthesis)에 가까이 있는 것이며, 본성적으로 우리보다 앞서 존재하는 것은 감성적 지각으로부터 가장 멀리 떨어져 있는 것이다. 가령 보편적 개념들은 감성적 지각으로부터 가장 멀리 떨어져 있는 반면에 구체적인 사물들은 감성적 지각 가까이에 있다. 따라서 제1원리들은 본성상 결론보다 더 잘 알려져 있고 결론보다 앞서 존재한다.

아리스토텔레스는 인식뿐만 아니라 모든 지식이 궁극적으로 전제해야 하는 공리의 예로서 모순율과 배중률을 들고 있다. 여기에서 우리가 주의해야 할 점은 공리가 전제가 된다고 해서 공리 그 자체가 전제가 된다고 생각해서는 안 된다는 점이다. 다시 말해서 '어떤 명제든 참이면서 동시에 거짓일 수 없다'는 모순율 그 자체가 모든 지식의 궁극적 전제가 되는 것은 아니다. 왜냐하면 우리는 공리 그 자체로부터 추론하는 것이 아니라 공리와 더불어 추론하기 때문이다. 이런 의미에서 공리는 인식이 성립하기 위한 논리적 조건이 된다. 다시 말해서 인식이 성립하기 위해서는 반드시 모순율이나 배중률과 같은 공리가 논리적으로 전제되어야 한다. 이처럼 제1원리들과 더불어 출발해서 필증적 삼단논법을 통해 획득된 인식을 인식 아닌 것으로부터 구별하기 위하여 아리스토텔레스는 다음과 같은 예를 들고 있다. 우리가 모종의 방법에 의해서 등변 삼각형, 이등변 삼각형, 부등변 삼각형의 모두가 세 내각의 합이 2직각임을 확인했다 하더라도 '모든 삼각형의 내각의 합은 2직각이다.'는 인식을 획득한 것은 아니다. 왜냐하면 이미 인정된 기하학적 공리들이나 가설들을 반복해서 적용함으로써 삼각형의 정의로부터 '모든 삼각형의 내각의 합은 2직각이다.'는 명제가 도출됨을 보여 줄 수 있을 때에만 우리가 삼각형을 인식하게 되기 때문이다. 이때에야 우리는 삼각형의 내각의 합이 2직각일 수밖에 없음과 동시에 왜 그런가를 설명할 수 있다. 다시 말해서 '모든 삼각형의 내각의 합은 2직각이다.'는 명제와 기하학의 최초의 진리들이 가지는 연관을 볼 수 있는 것이다.

그러나 과연 이와 같은 인식이 가능할까? 앞에서 본 것처럼 모든 인식이 필연적 지식이라면, 그리고 필증적 삼단논법에 의해서 사물이나 사태를 인식하기 위해서 선행하는 지식을 가져야 한다면, 이러한 과정은 무한히 반복되는 것이 아닌가? 그러나 아리스토텔레스는 이러한 과정이 무한히 반복되는 것은 아니며 또 반복될 수도 없다고 주장한다. 왜냐하면 제1원리들은 필증적 삼단논법을 통해 획득되는 것이 아니기 때문이다. 제1원리들에 대한 지식은 논리적으로 매개되지 않은 지식이며 그것과 더불어 모든 필증적 삼단논법이 출발하는 지식이다. 이처럼 제1원리들 그 자체에 대한 지식은 필증적 삼단논법을 통해 획득되는 것이 아니라면 우리는 그러한 지식을 어떤 방법으로 얻을 수 있을까?

3. 앞에서 살펴본 바와 같이 아리스토텔레스에 있어서 인식은 필증적 삼단논법을 통해 획득된 지식이다. 다시 말해서 인식은 보다 단순한 다른 진리들로부터 삼단논법을 통해 도출되어 나오는 지식이다. 따라서 가장 단순한 진리들 그 자체는 더 이상 삼단논법에 의해서 알려질 수 없다. 기하학의 공리들은 그것들로부터 도출된 결론들이 참이기 때문에 그 공리들도 참이라고 말할 수는 없다. 왜냐하면 결론들의 참은 공리들의 참이 가져온 결과이기 때문이다. 또한 공리들의 참을 공리들보다 더 간단한 명제들로부터 증명하도록 요구할 수도 없다. 왜냐하면 만약 모든 진리들이 증명되어야 한다면, 공리들도 증명되어야 하며 그렇게 되면 우리는 어떤 것을 증명하기 위해 무한한 증명의 연쇄를 필요로 할 것이기 때문이다. 이렇게 될 경우 사물이나 사태를 인식하는 것은 불가능하게 될 것이다. 따라서 모든 공리들은 증명하는 것이 불가능하다. 공리들은 감성적 지각의 사실들이 알려지는 경우처럼 직접적으로 즉 개념에 의해서 매개되지 않고 알려져야 한다. 그렇다면 우리는 제1원리들에 대한 지식을 어떻게 해서 가지게 될까? 이 문제에 대한 아리스토텔레스의 대답은 야누스적이다. 왜냐하면 그는 한편으로 경험론자와 마찬가지로 제1원리들이 귀납에 의해서 알려진다고 하면서, 다른 한편으로는 합리론자와 마찬가지로 이성적 능력인 '누스'(nous)에 의하여 직관적으로 파악된다고 말하고 있기 때문이다.

우리는 제1원리들에 대한 지식을 선천적으로 소유하고 있는가? 혹은 후천적으로 획득하는 것인가? 이 물음들에 대하여 아리스토텔레스는 다음과 같이 대답한다. 만약 그것이 선천적인 것이라면, 우리는 필증적 삼단논법을 통해 획득하는 지식보다 더 확실한 지식을 가지는 셈이 된다. 그리고 만약 그것이 후천적으로 획득되는 것이라면, 우리는 어떤 선지식(先知識)으로부터 그것이 도출되었는가를 추론해야 한다. 그러나 우리가 선지식에 대하여 전혀 모르고 있거나 선지식을 가지고 있지 않다면 우리는 제1원리들에 대한 지식을 획득할 수 없다. 이와 같은 딜레마로부터 아리스토텔레스는 제1원리들에 대한 지식을 생기게 할 수 있는 어떤 능력을 우리가 가져야만 한다는 결론을 내린다. 물론 이 능력의 활동으로부터 생겨나는 지식들은 제1원리들 자체에 대한 지식보다는 덜 확실하다. 그렇다면 이 능력이란 무엇인가?

4. 아리스토텔레스는 그것을 모든 동물에게 선천적으로 구비되어 있는 감성적 지각이라고 대답한다. 이제 아리스토텔레스는 감성적 지각이 제1원리들에 대한 지식을 생기게 할 수 있다는 주장을 정당화하기 위하여 '감성적 지각'(aisthesis)으로부터 인식에 이르는 과정을 설명한다. 감성적 지각은 가장 단순한 사실들을 '판단하고 식별하는'(krinein) 능력이다. 이것은 지각활동이 끝난 후에도 지각된 내용을 보유하는 기억의 단

계로 발전한다. 기억은 다시 동일한 것에 대한 반복된 기억을 기초로 하여 보편적 개념을 형성하는 경험(empeiria)의 단계로 나아간다. 또 다시 이 경험은 '기술적 지식'(techne)과 인식의 기원이 된다. 이처럼 구체적인 것으로부터 보편적인 것에로의 이행은 감성적 지각 그 자체가 보편적 요소를 가지고 있다는 사실에 의하여 가능해 진다. 사실 우리는 구체적인 것을 지각 하지만 그것에서 우리가 지각하는 것은 그것이 다른 것과 공 유하는 특성들이다. 보편성의 이 첫 번째 요소로부터 우리는 모든 것 중에서 가장 보편적인 것에로 나아간다. 이러한 과정 이 다름 아닌 귀납이다. 아리스토텔레스의 이상과 같은 설명 을 현대 영국의 철학자이자 서양고대철학 전문연구자였던 테 일러(A. E. Taylor)는 다음과 같은 비교적 알기 쉬운 예로써 우 리들에게 이해시키고 있다. 어린이가 둘 더하기 둘은 넷이라 는 것을 알게 되는 과정에 대해서 생각해 보자. 두 개의 사과 를 먼저 고르고 다시 두 개를 골라 아이가 그것을 헤아리도록 한다. 다른 여러 사과들을 가지고 이러한 과정을 반복함으로 써 우리는 아이로 하여금 특정한 사과들로부터 헤아리는 단 계를 지나서 '어떤 두 사과와 두 사과의 합도 네 개의 사과가 된다.'는 생각에 이르게 할 수 있다. 다음에 우리는 사과 대신 에 배나 딸기를 사용할 수 있고 '두 개의 과일과 또 다른 두 개의 과일의 합은 네 개의 과일이다.'라는 생각에 이르도록 한다. 그리고 유사한 과정을 거침으로써 마침내 아이는 '두 대상과 두 대상의 합은 그 대상들이 무엇이든 네 개의 대상을 만든다.'라는 생각에 이르게 된다.

그러면 귀납에 의해서 도달된 보편적 명제들이 인식의·제1원리들이 되는데, 이것을 잘 포착하는 '마음의 상태'(hexis)는 무엇인가? 아리스토텔레스는 그것이 바로 이성적 능력 중의 하나인 '누스'(nous)라고 대답한다. 따라서 인식의 제1원리들이 우리들에게 알려지는 것은 귀납과 누스 둘 다에 의해서이다. 우리는 귀납과 누스에 의해서 구체적인 것들에 대한 지각으로부터 보편자에 대한 표상에로 나아감과 동시에 구체적인 판단들로부터 보편적인 판단들에로 나아간다. 아리스토텔레스는 필증추리의 전제가 되는 제1원리들의 이와 같은 보편성으로부터 에피스테메의 필연성을 이끌어내고 있다.

5. 아리스토텔레스에 의하면 필증적 삼단논법의 전제가 되는 제1원리들이 보편명제이기 때문에 필증적 삼단논법을 통해 획득되는 결론이 필연적으로 참인 명제라고 한다. 이 말은 무엇을 의미하는가? 첫째, 그것은 전제의 빈개념이 모든 주개념에 대해서 참인 경우를 의미한다. 예를 들어 모든 '소나무'가 '식물'이라면 그리고 X를 소나무라고 부르는 것이 참이라면, X를 식물이라고 부르는 것도 필연적으로 참이다. 마찬가지로 모든 선이 점을 포함한다면, 그리고 Y를 선이라고 부르는 것이 참이라면, Y가 점을 포함한다는 것도 필연적으로 참

이다. 둘째, 그것은 전제에 들어 있는 주개념과 빈개념의 관계가 즉 본질적 관계임을 의미한다. 주개념과 빈개념의 본질적 관계를 나타내는 방식에는 네 가지가 있는데 그 중에서 중요한 것은 다음의 두 가지이다. 첫째 주개념과 빈개념 중 어느 한 개념이 다른 개념의 본질, 즉 다른 개념의 정의(定義)에 포함되는 경우이다. 예를 들어 선은 삼각형에 포함되고 점은 선에 포함된다. 왜냐하면 선 혹은 점은 삼각형 혹은 선의 본질적인 구성요소이기 때문이다. 둘째 주개념과 빈개념 중의 어느 한 개념이 다른 어느 개념의 속성이 되는, 따라서 그것의 정의에 다른 개념을 포함하는 경우이다. 예를 들어 모든 선은 직선이거나 곡선이다. 왜냐하면 직선이나 곡선은 선이라는 개념 없이는 정의가 불가능하기 때문이다. 셋째, 그것은 전제들이 보편적임을 의미한다. 보편적이라 함은 위의 첫째 의미와 둘째 의미를 동시에 만족시키는 것이다. 따라서 어떤 명제가 보편적이기 위해서는 그 명제의 빈개념이 모든 주개념에 대해서 참이어야 하고 또 주개념과 빈개념의 관계가 본질적 관계이어야 한다. 이때 빈개념은 주개념에 필연적으로 포함되어야 하는데, 그것도 주개념의 유적(類的) 특성에 의해서가 아니라 종적(種的) 본성에 의하여 포함되어야 한다. 왜냐하면 그럴 경우에만 주개념은 빈개념과 무관한 것을 전혀 포함하지 않을 것이기 때문이다. 예를 들어 '내각의 합이 2직각인 것'은 '도형'에 보편적으로 적용될 수 없다. 왜냐하면 내각의 합이 2직각이라는 것이 어떤 도형 즉 삼각형에 대해서는 증명 가능하지만 다른 평면도형에 대해서는 증명 불가능하기 때문이다. 이처럼 아리스토텔레스는 인식의 필연성을 전제들의 보편성으로부터 이끌어 내고 있다.

6. 이상에서 살펴본 바와 같이 아리스토텔레스는 인식이 원인을 설명할 수 있는 지식임과 동시에 필연적 지식인 것으로 규정하고 있다. 따라서 우리가 달 위에 서서 달과 태양 사이에 지구가 들어섬을 지켜본다 하더라도 우리는 아직 일식(日蝕)현상에 대해서 인식한 것은 아니다. 왜냐하면 우리는 바로 그 순간에 일식이 일어났다는 사실을 지각했을 따름이기 때문이다. 만약 우리가 일식현상에 관해서 인식하고자 한다면, 우리는 왜 우리와 태양 사이에 지구가 들어서는가를 설명할 수 있어야 한다. 이렇게 하기 위해서는 '광파(光波)는 직진한다.'는 등의 명제들(제1원리들)을 포함하는 광학이론을 알아야 한다. 이와 같은 과정을 계속함으로써 일식현상에 관한 한 더 이상 논증될 수 없는 명제에 이르렀을 때에 우리는 비로소 일식현상에 관한 인식을 소유하게 된다. 그러나 인식이 필연적 지식임을 강조하기 위하여 아리스토텔레스가 자주 언급하고 있는 예는 기하학적 지식이다. 가령 '직각삼각형의 빗변의 제곱은 다른 두 변 각각의 제곱의 합과 같다'는 피타고라스 정리를 기하학적 공리로부터 증명할 수 있는 사람은 삼각형의

본성을 인식하고 있는 사람이다. 이처럼 아리스토텔레스에게 있어서 인식이 관계하는 세계는 일상적인 경험의 세계가 아니라 불변적이고 필연적인 세계이다. 그래서 불행하게도 우리는 『자연학』이나 『영혼론』과 같은 아리스토텔레스의 저작에서 기하학의 경우와 비슷한 인식의 사례를 찾아볼 수 없다. 그럼에도 불구하고 아리스토텔레스는 자연과학적 세계에서도 인식을 추구해야 한다는 점을 강조하고 있다. 아리스토텔레스가 이렇게 한 이유는 인간지식의 총체라고 할 수 있는 모든 '학문'이 인식으로 구성되어야 한다는 확신 때문이었다.

7. 앞에서 우리는 아리스토텔레스가 귀납이라는 용어를 사용하고 있음을 보았다. 여기에서 주의해야 할 것이 하나 있다. 그것은 귀납을 의미하는 그리스어 '에파고게'(epagoge)가 현대 논리학에서 귀납을 가리키기 위하여 사용하는 영어 'induction' 과 똑같은 것을 의미하지 않는다는 사실이다. 현대논리학에서는 귀납을 개연성의 논리라고 하여 필연성의 논리인 연역 (deduction)과 구별한다. 이때 귀납은 결코 결론의 보편성을 확보할 수 없다. 가령 스완(swan) 1은 희다, 스완 2는 희다 …… 스완 1000은 희다는 전제들로부터 모든 스완은 희다는 결론에 도달했다 하더라도 이 결론이 보편적으로 참인 명제가 되지는 않는다. 다시 말해서 결론의 빈개념인 '흰 동물'이 주개념인 스완과 본질적인 관계에 있지 않다. 그 반면에 사람 1은

죽는다, 사람 2는 죽는다 …… 사람 1000은 죽는다는 전제들로부터 모든 사람은 죽는다는 결론에 도달했다면, 이 결론은 보편적으로 참인 명제가 된다. 왜냐하면 이 결론의 예외 즉 죽지 않는 어떤 사람이 존재하는 일은 불가능하기 때문이다. 다시 말해서 결론의 빈개념인 '죽는 존재'가 주개념인 '사람'과 본질적인 관계에 있다. 이 본질적 관계를 파악하는 것이 바로 이성적 능력 중의 하나인 누스(nous)이기 때문에 '모든 사람은 죽는다.'는 결론은 보편적인 명제가 된다. 왜냐하면 이성은 언제나 보편적이기 때문이다. 다른 예를 하나 더 들어보자. 결과 1은 원인을 가진다, 결과2는 원인을 가진다 …… 결과 1000은 원인을 가진다는 전제들로부터 모든 결과는 원인을 가진다는 결론에 도달했다면, 이 결론은 보편적으로 참인 명제가 된다. 왜냐하면 이 결론의 예외 즉 적어도 경험적 세계에서는 원인이 없는 결과가 존재하는 일은 불가능하기 때문이다. 현대논리학의 관점에서 보자면, 보편명제를 귀납적으로 도출하게 되면 선결문제요구의 오류를 범하게 된다. 왜냐하면 전제들로부터 예외가 허용되지 않는 결론을 도출하면 이미 귀납논증이 아니기 때문이다. 그럼에도 불구하고 아리스토텔레스는 누스가 결론의 보편성을 직관적으로 파악하기 전까지의 과정에 귀납이라는 용어를 적용하고 있다. 이것은 아리스토텔레스의 귀납 개념이 귀납적 절차만 가리킬 뿐이고 현대논리학에서의 귀납논증과는 다르다는 것을 의미한다. '모든 스완은 희다.'는 명제처럼 결코 보편명제가 될 수 없는 결론에 이르는 귀납이 현대논리학의 귀납 개념이다. 아리스토텔레스는 이와 같은 귀납에 큰 의미를 부여하지 않았다. 왜냐하면 귀납적 결론은 필증추리의 결론만큼 확실한 지식이 될 수 없기 때문이다. 아리스토텔레스의 이와 같은 확신은 역사적으로 불행한 결과를 초래하였다. 근대 자연과학이 눈부시게 발전하기까지 약 2천 년 동안 아리스토텔레스주의자들은 귀납적 결론인 자연과학의 성과를 확실한 지식으로 인정하지 않았기 때문이다. 물론 아리스토텔레스 자신이 이러한 결과를 의도한 것은 아니었다.

참고문헌

1. 원전, 주석, 번역

The Loeb Classical Library editions of the Works of Aristotle, Greek text with English translation, Harvard University Press, Cambridge, 1926~1960.

The Ethics of Aristotle, Greek text edited with an introduction and notes by J. Burnet, Methuen & Co, London, 1900.

Aristotelis : Ethica Nicomachea, Greek text edited by I. Bywater, Recognovit brevique adnotatione critica instruxit, Oxford University Press, Oxford, 1894.

Aristotle : Nicomachean Ethics(Book Six), Greek text edited with essays, notes and translation by L. H. G. Greenwood, Cambridge University Press, Cambridge, 1909.

Aristoteles : Nikomachische Ethik, Auf der Grundlage der Übersetzung von E. Rolfes herausgegeben von G. Bien, Felex Meiner Verlag, Hamburg, 1972.

Aristotle : The Nichomachean Ethics, A Commentary by the late H. H. Joachim, Edited by D. A. Rees, Greenwood Press, Westport, 1952.

The Politics of Aristotle(Book Ⅰ-Ⅴ), A Revised Greek text with Introduction, Analysis and Commentary by F. Susemihl and R. D. Hicks, Macmillan and Co., London, 1894.

The Politics of Aristotle, With an introduction, two notes critical and explanatory by W. L. Newman(2 volumes), Vol. Ⅰ (Introduction to the Politics) - Vol. Ⅱ

(Prefatory essays, Book Ⅰ and Ⅱ - Greek Text and Notes), Clarendon
　　　　Press, Oxford, 1887.

Aristotle's Metaphysics, A Revised Greek text with introduction and commentary by
　　　　W. D. Ross(2 volumes), Clarendon Press, Oxford, 1924.

Aristoteles : Metaphysik, Schriften zur Ersten Philosophie, Übersetzt und Herausgegeben
　　　　von F. F. Schwarz, Philipp Reclam Jun, Stuttgart, 1970.

Aristotle : De Anima, Greek text edited with introduction and commentary by W.
　　　　D. Ross, Clarendon Press, Oxford, 1961.

Aristotle's Prior and Posterior Analytics, A Revised Greek text with introduction and
　　　　commentary by W. D. Ross, Clarendon Press, Oxford, 1949.

Aristotle's Posterior Analytics, English translation, Translated with Notes by J.
　　　　Barnes, Clarendon Press, Oxford, 1975.

Aristotle's Physics, A Revised Greek text with introduction and commentary by W.
　　　　D. Ross, Clarendon Press, Oxford, 1936.

2. 논 문

Anscombe, G. E. M., "Thought and Action in Aristotle", In *New Essays on Plato
　　　　and Aristotle*, edited by R. Bambrough, Routledge & Kegan, London,
　　　　1965, pp.143~158.

Barker, A., "Aristotle on perception and ratios", *Phronesis* 25, 1981.

Barnes, J., "Proof and Syllogism", In *Aristotle on Science : the "Posterior Analytics"*
　　　　edited by E. Berti, Antenore, Padua, 1981, pp.17~59.

Barnes, G., "Aristotle's Theory of Demonstration", In *Articles on Aristotle Vol.1*,
　　　　edited by J. Barnes with M. Schofield and R. Sorsbji, Gerald Duckworth,
　　　　London, 1975, pp.65~87.

Bambrough, R., "Aristotle on Justice : A Paradigm of Philosophy", In *New Essays on Plato and Aristotle*, edited by R. Bambrough, Routledge & Kegan, London, 1965, pp.159~174.

Bynum, T. W., "A New Look at Aristotle's Theory of Perception," In *Aristotle's De Anima in Focus*, ed. Michael Durrant, London and New York : Routledge, 1993.

Corcoran, J., "Aristotle's Natural Deduction System", In *Ancient Logic and Its Modern Interpretations* edited by J. Corcoran, D. Reidel Publishing Company, Dordrecht, 1974, pp.85~132.

Furley, D. J., "Aristotle on the Voluntary", In *Articles on Aristotle Vol. 2*, edited by J. Barnes with M. Schofield and R. Sorsbji, Gerald Duckworth, London, 1977, pp.47~60.

Gould, T., "The Metaphysical Foundations for Aristotle's Ethics", In *Essays in Ancient Greek Philosophy*, edited by J. P. Anton with G. L. Kustas, State University of New York Press, Albany, 1971, pp.451~461.

Hamlyn, D. W., "Aristotle's account of aisthesis in the *De Anima*", *Classical Quarterly* 9, 1959

Hardie, W. F. R., "The Final Good in Aristotle's *Ethics*", In *Aristotle : A Collection of Critical Essays*, edited by J. M. E. Moravcsik, University of Notre Dame Press, Notre Dame, 1967, pp.297~322.

Kapp, E., "Syllogistic", In *Articles on Aristotle Vol.1*, edited by J. Barnes with M. Schofield and R. Sorsbji, Gerald Duckworth, London, 1975, pp.35~49.

Norman, R., "Aristotle's Philosopher - God", In *Phronesis* XIV, 1969, pp.63~74.

Patzig, G., *Aristotle's Theory of the Syllogism : A Logico-Philological Study of Book A of the Prior Analytics*, D. Reidel Publishing Company, Dordrecht, 1968.

Ross, W. D., "The Development of Aristotle's Thought", In *Articles on Aristotle Vol.1*, edited by J. Barnes with M. Schofield and R. Sorsbji, Gerald Duckworth, London, 1975, pp.1~13.

Smiley, T. J., "What is a Syllogism?", In *Journal of Philosophical Logic* 2:1, 1973, pp.136~154.

Tarski, A., "On the concept of logical consequence", In *Logic, Semantics and Matamathematics*, Oxford University Press, Oxford, 1956.

Thomas J. Slakey, "Aristotle on Sense-Perception," In *Aristotle's De Anima in Focus*, ed. Michael Durrant, London and New York : Routledge, 1993.

Thornton, M. T., "Aristotelian Practical Reason", In *Mind, Vol. xci*, 1982, pp.57~76.

Urmson, J. O., "Aristotle on Pleasure", In *Aristotle : A Collection of Critical Essays*, edited by J. M. E. Moravcsik, University of Notre Dame Press, Notre Dame, 1967, pp.323~333.

3. 단행본

Barker, E., *The Political Thought of Plato and Aristotle*, Dover Publications, Dover, 1902.

Barnes, J., *The Cambridge Companion to Aristotle*, Edited by Jonathan Barnes, Cambridge University Press, Cambridge, 1995.

Bien, G., *Die Grundlegung der politischen Philosophie bei Aristoteles*, Verlag Karl Alber, Freiburg/München, 1973.

Bonitz, H., *Index Aristotelicus*, Wissenschaftliche Buchgesellschaft, Darmstadt, 1955.

Clark, S. R. L., *Aristotle's Man : Speculations upon Aristotelian Anthropology*, Clarendon Press, Oxford, 1983.

Cooper, J. M., *Reason and Human Good in Aristotle*, Harvard University Press, Cambridge, 1977.

Dover, K. J., *Greek Popular Morality : In the time of Plato and Aristotle*, California University Press, Berkeley and Los Angeles, 1974.

Düring, I., *Aristoteles : Darstellung und Interpretation seines Denkens*, Carl Winter Universitätsverlag, Heidelberg, 1966.

Edel, A., *Aristotle and His Philosophy*, The University of North Carolina Press, Chapel Hill, 1982.

Ehrenberg, V., *The Greek State*, Methuen & Co., London, 1969.

Engberg-Pedersen, T., *Aristotle's Theory of Moral Insight*, Clarendon Press, Oxford, 1983.

Gosling, J. C. B. and Taylor, C. C. W., *The Greeks on Pleasure*, Clarendon Press, Oxford, 1982.

Grumach, E., *PHYSIS und AGATHON in der Alten Stoa*, Berlin, 1932.

Hardie, W. F. R., *Aristotle's Ethical Theory*, Clarendon Press, Oxford, 1968.

Havelock, E. A., *The Greek Concept of Justice : From Its Shadow in Homer to Its Substance in Plato*, Havard University Press, Cambridge, 1978.

Hegel, G. W. F., *Grundlinien der Philosophie des Rechts*, Suhrkamp Verlag, Frankfurt am Main, 1970.

Irwin, T., *Aristotle's First Principles*. Oxford: Clarendon, 1988.

Jaeger, W., *Aristotle : Fundamentals of the history of his development*, Translation by R. Robinson, Clarenden Press, Oxford, 1968.

Jancer, B., *The philosophy of Aristotle : A Critical Guide to Appreciation of Background, Meaning, and Impact*, Monarch Press, New York, 1966.

Kant, I., *Kritik der praktischen Vernunft*, Felix Meiner, Hamburg, 1974.

Kapp, E., *Der Ursprung der Logik bei den Griechen*, Vandenhoeck & Ruprecht, Göttingen, 1942.

Kappes, M., *Aristoteles-Lexikon : Erklärung der philosophischen termini technici des Aristoteles in alphabetischer Reihenfolge*, Druck und Verlag von Ferdinand Schöningh, Paderborn, 1894.

Kenny, A., *Aristotle's Theory of the Will*, Yale University Press, New Haven, 1979.

Kenny, A., *The Anatomy of the Soul : Historical Essays in the Philosophy of Mind*, Basil Blackwell, Oxford, 1973.

Knauss, B., *Staat und Mensch in Hellas*, Wissenschaftliche Buchgesellschaft, Darmstadt, 1967.

Krämer, H. J., *Arete bei Platon und Aristoteles : Zum Wesen und zur Geschichte der platonischen Ontologie*, Carl Winter Universitätsverlag, Heidelberg, 1959.

Lear, J., *Aristotle and logical theory*, Cambridge University Press, Cambridge, 1980.

Lear, J., *Aristotle : the desire to understand*, Cambridge University Press, Cambridge, 1988.

Liddell, H. G. and Scott, R., *Greek-English Lexicon*, Clarendon Press, Oxford, 1968.

Lloyd, A. C., *Form and Universal in Aristotle*, Francis Cairns, Liverpool, 1981.

Lukasiewicz, J., *Aristotle's Syllogistic from the Standpoint of Modern Formal Logic*, Clarenden Press, Oxford, 1972.

Modrak, D., *Aristotle-the power of perception*, Chicago, 1987.

Peters, F. E., *Greek Philosophical Terms : A Historical Lexicon*, New York University Press, New York, 1967.

Ross, W. D., *Aristotle*, Methuen & Co., London, 1971.

Solmsen, F., *Aristotle's System of the Physical World : A Comparison with his Predecessors*, Cornell University Press, New York, 1960.

Tarski, A., *Introduction to Logic and the Methodology of Deductive Sciences*, revised edition, Oxford University Press, Oxford, 1946.

Theiler, W., *Zur Geschichte der teleologischen Naturbetrachtung bis auf Aristoteles*, Walter de Gruyter & Co., Berlin, 1965.

Veatch, H. B., *Aristotle : A Contemporary Appreciation*, Indiana University Press, Bloomington & London, 1974.

Woodfield, A., *Teleology*, Cambridge University Press, Cambridge, 1976.

아리스토텔레스 연보

B.C. 384년	그리스 북쪽 마케도니아 왕국의 작은 도시 스타게이로스에서 의술의 전통을 이어온 귀족 가문의 아들로 출생. 아버지 니코마코스는 마케도니아의 왕인 아뮌타스 II세의 친구이자 시의(侍醫)였음.
B.C. 367년(17세)	아테네로 가서 플라톤이 설립한 세계 최초의 대학 아카데메이아에 입학, 나중에 여기에서 학생들을 가르침.
B.C. 347년(37세)	플라톤 사망, 아카데메이아에서 동문수학했던 헤르메이아스의 초청을 수락하여 소아시아 이다 산(山) 기슭의 작은 도시 앗소스로 감, 여기에서 헤르메이아스의 조카딸 피티아스와 결혼하여 딸 낳음, 피티아스가 요절하자 재혼하여 아들 니코마코스를 얻음.
B.C. 344년(40세)	헤르메이아스가 페르시아 사람들에게 붙잡혀 사형된 후 아카데메이아 시절의 또 다른 동료학생이었던 테오프라스토스의 권유로 에게 해(海)의 레스보스 섬에 있는 도시 뮈틸레네로 이사, 테오프라스토스와 함께 생물학 연구에 전념함.
B.C. 341년(43세)	마케도니아의 왕 필리포스 II세의 초청을 수락하여 그의 아들인 알렉산드로스의 가정교사가 됨.
B.C. 335년(49세)	알렉산드로스가 왕위에 오르자 아테네로 되돌아 와서 자기 자신의 학교 뤼케이온 설립, 교수와 저작 활동에 몰두함.

B.C. 323년(61세) 알렉산드로스 사망, 아테네에서는 반(反)마케도니아 감
                정이 고조되어 자신이 설립한 뤼케이온을 옛 친구인 테
                오프라스토스에게 넘겨준 후 어머니의 고향인 그리스
                중부 에우보에아 섬에 있는 항구 도시 칼키스로 망명.
B.C. 322년(62세) 칼키스에서 위장병으로 사망.